Joachim
Schaffer-Suchomel

Nie waren wir uns so nah

Zeichnungen von Carina Bengel

mvgverlag

Bibliografische Information der Deutschen Nationalbibliothek:
Die Deutsche Nationalbibliothek verzeichnet diese Publikation in der Deutschen Nationalbibliografie; detaillierte bibliografische Daten sind im Internet über http://d-nb.de abrufbar.

Für Fragen und Anregungen:
info@mvg-verlag.de

1. Auflage 2017

© der Originalausgabe 2017 by mvg Verlag,
ein Imprint der Münchner Verlagsgruppe GmbH,
Nymphenburger Straße 86
D-80636 München
Tel.: 089 651285-0
Fax: 089 652096

Redaktion: Palma Müller-Scherf
Lektorat: Horst Christoph
Zeichnungen: Carina Bengel
Umschlaggestaltung: Manuela Amode
Umschlagabbildung: Nikolaev/Shutterstock; Bonität/Shutterstock; Tiara/Shutterstock
Satz: Daniel Förster, Belgern
Druck: GGP Media GmbH, Pößneck
Printed in Germany

ISBN Print 978-3-86882-794-1
ISBN E-Book (PDF) 978-3-96121-037-4
ISBN E-Book (EPUB, Mobi) 978-3-96121-038-1

Weitere Informationen zum Verlag finden Sie unter

www.mvg-verlag.de

Beachten Sie auch unsere weiteren Verlage unter www.m-vg.de

Dieses Buch ist meinem Vater gewidmet.

Inhalt

Einleitende Worte

Die Geschichte der Pflege meines demenzkranken Vaters hat eine sehr persönliche Ebene: die Heilung der Vater-Sohn-Beziehung in einem Prozess von aufwühlenden und letztlich heilenden Emotionen.

Die zweite Ebene betrifft die Tatsache, dass derzeit in Deutschland über 16 Millionen Demenzkranke leben. Jährlich kommen circa 300.000 Neuerkrankungen hinzu. Viele von ihnen werden mit großem sozialem Einsatz in der Familie betreut. Die Angehörigen wie auch die Kranken selbst sind täglichen Belastungen ausgesetzt. Kinder, die die Betreuung ihrer Eltern abgeben, leiden oft unter dem schlechten Gewissen, nicht genügend Zeit für ihre Eltern aufbringen zu können, sie abschieben zu müssen. Mögen meine Erlebnisse und positiven Erfahrungen bei der Pflege meines Vaters den pflegenden Angehörigen gute Impulse geben.

Die dritte Ebene betrifft die Symbolkraft einer Demenz-erkrankung in persönlicher und gesellschaftlicher Hinsicht. Ich freue mich sehr, dass sich Ruediger Dahlke als Arzt, Therapeut und Experte für »Krankheit als Symbol«

die Zeit für eine Einführung genommen hat. Das große Vergessen in der Demenzerkrankung hat eine unübersehbare und doch meist übersehene Parallele im großen Vergessen der emotionalen Entwicklung eines Menschen in unserer rationalistischen Gesellschaft. Negative Grundeinstellungen zum Leben prägen häufig unser Tun und Denken: Wir arbeiten krankmachend und wir ernähren uns krankmachend, oft ohne es zu spüren.

Viele Menschen wissen nicht, wie wichtig es besonders im Alter ist, den Zellaufbau zu unterstützen, besonders aber regelmäßig zu entschlacken und zu entgiften. Ruediger Dahlke spricht vom notwendigen »Ölwechsel« des Körpers. Der Deutschen Liebling ist das Auto. Ihm ergeht es offensichtlich besser. Ein regelmäßiger Ölwechsel mit teuren Ölen ist eine Selbstverständlichkeit für die meisten Autobesitzer. Auch die Leitungen unserer Häuser reinigen oder erneuern Hausbesitzer spätestens nach 30, 40 Jahren. Nur unser Körper, der dank der Wissenschaft immer älter wird, soll auf Biegen und Brechen durchhalten bis zum Schluss. Ein Bewusstseinssprung ist notwendig, um uns neu einzustellen auf unsere Art zu arbeiten, unsere Art zu essen, zu trinken und zu leben.

Einführung von Ruediger Dahlke

Gern schreibe ich die Einführung zu Joachim Schaffer-Suchomels bewegender Demenzgeschichte, die aus der Betreuung seines Vaters entstand. Mit dem ihm eigenen Sprachwitz beschreibt er das traurige Verdämmern seines Vaters und lässt uns sehr nah das Alzheimer-Geschehen miterleben. Durch seine einfühlsame Art und die Fähigkeit, tiefer zu schauen, verbreitet er dabei eine konstruktive und keinesfalls deprimierende Stimmung.

Damals habe ich ihn sehr bewundert, wie er für lange Zeit fast alles andere aufgab, um seinem Vater diese Wegbegleitung zu schenken. Doch erst als ich die Geschichte später las, konnte ich verstehen, wie viel er dabei selbst bekommen hat von seinem scheidenden Vater und von diesem Krankheitsbild, das uns so sehr den Spiegel vorhält und wohl genau deswegen immer wichtiger wird. Besonders für Menschen, die es auf sich nehmen und an der Seite eines Angehörigen aushalten, ja, ihn betreuen, während er seinen Rückweg auf diese so *deut*liche und unerlöste Weise geht, ist diese Wegbeschreibung so außerordentlich wichtig. Es ist unübersehbar, wie viel eine solche Begleitung auch den Begleitern schenkt, besonders wenn sie dabei in diesen Spiegel schauen.

Ich freue mich, dass Joachim Schaffer-Suchomel mich eingeladen hat, zu seiner und seines Vaters Geschichte meine Erfahrungen mit Alzheimer beizusteuern, vonseiten der Seele und vonseiten des Körpers. Das Krankheitsbild drängt nach langem Vergessen nun wohl endgültig in die Öffentlichkeit. Neben dem Film *Honig im Kopf* von Til Schweiger mit einem bravourösen Didi Hallervorden als Alzheimer-Patient kommt auch aus Hollywood ein großer Alzheimer-Film mit Julianne Moores Oscar-belohnter Darstellung in *Still Alice* – und unvergesslich natürlich Klaus Maria Brandauer in *Auslöschung*. Wenn sich die Filmbranche eines Themas so annimmt, ist es in der Mitte der Gesellschaft angekommen.

Und das ist nur die Spitze des Eisbergs. Bis zu dem Moment, wo Ronald Reagan Michail Gorbatschow nicht mehr erkannte, war das große Vergessen fast vergessen, obwohl es schon so lange existiert, erkrankte doch bereits der große Philosoph Emanuel Kant, wenn auch erst mit über 80, daran. Inzwischen ist auch Margaret Thatcher ihrem Freund Ronald Reagan ins große Vergessen gefolgt, und viele Regisseure haben sich des Themas Alzheimer angenommen.

Zunehmend in den Fokus ist Alzheimer aber wohl gerückt, weil das Krankheitsbild immer mehr Menschen erfasst und den meisten Angst macht. In einer so verkopften und von Intellektuellen beherrschten Gesellschaft ist es natürlich der absolute Horror, wenn der Kopf sich aufreizend langsam, aber sicher abmeldet. Wahrscheinlich ist Alzheimer die forcierte Form der Demenz, insbesondere die immer häufiger auftretenden, früh einsetzenden und rasch fortschreitenden Formen, wie sie Julianne Moore in *Still Alice* darstellt, sprechen dafür.

Die bessere Nachricht ist: Das Krankheitsbild zeigt uns die Aufgabe, der wir immer weniger gerecht werden – uns unseren Schatten zuzuwenden. Und die wirklich gute Nachricht ist: Wir sind diesem Geschehen im Gegensatz zu den Aussagen der Schulmedizin eben nicht hilflos ausgeliefert, sondern können durchaus reagieren. Seelisch und körperlich schon lange im Vorfeld – mit großem Gewinn für unser Leben – und selbst bei Krankheitsausbruch noch, vor allem über die Ernährung, wie noch zu zeigen ist.

Der Entwicklungsauftrag im Lebensmuster des Mandalas lautet, an seiner Peripherie umzukehren und wieder zu werden wie die Kinder. Bei Alzheimer-Demenz ist dieser Auftrag im Sinne von »Krankheit als Symbol« in den Schatten beziehungsweise auf die körperliche Ebene gesunken: Die Patienten werden kindisch statt kindlich und zeigen, dass sie weder aus noch ein wissen und nicht mehr weiterkönnen. Sie erinnern das Naheliegende nicht mehr, da ihnen das Kurzzeitgedächtnis als Erstes abhandenkommt. Bald wissen sie auch nichts mehr und können nichts mehr tun. Am Ende ihres Lebens ist kein Ziel erreicht, sondern der Weg verloren, und Orientierungslosigkeit und schließlich völlige Verwirrung breiten sich aus.

Kleine Trippelschritte führen sie nur noch im Kreis herum. Sie drehen sich im wahrsten Sinne des Wortes um sich selbst im Kreis des eigenen Lebens. Die äußere Unruhe verrät innere Spannung. Die Sprachverwirrung zeigt, wie wenig sie noch zum Leben beitragen können und wie sehr sie aus dem Rhythmus sind. Sie verlieren den Kontakt zur äußeren Welt und geraten mehr und mehr in die Gefangenschaft ihrer unbewältigten inneren Welt.

Die *Agnosie*, die Unfähigkeit zu erkennen, macht deutlich, wie wenig Erkenntnis noch möglich ist, bis sie zum Schluss sich selbst nicht mehr erkennen und damit jede Selbsterkenntnis außer Reichweite gerät. Die *Apraxie* verrät in der Unbeweglichkeit die Unfähigkeit, mit den Notwendigkeiten des Lebens praktisch fertigzuwerden. Mit ihrer Flucht zurück ins Kinderland landen sie im Kindischen statt in der Kindlichkeit der staunenden Augen des *Kleinen Prinzen*. Alle Verantwortung geben sie unbewusst ab und landen bestenfalls bei liebevollen Angehörigen, wie in unserem Fall beim Sohn, der den Vater auf dieser letzten Wegstrecke begleitet, nachdem der Vater den eigenen Weg völlig verloren hat und wieder zum Kind wird. So schenkt dieses Krankheitsbild dem Sohn die Möglichkeit, seinem Vater als Kind zu begegnen und ihm nun seinerseits Vater zu sein – und damit vieles zurückgeben zu können.

Die Stimmung wechselt von himmelhoch jauchzend bis zu Tode betrübt und zeigt die ganze Bandbreite der aus den Augen verlorenen Entwicklungsmöglichkeiten. In der Übersetzung im Sinne der Krankheitsbilddeutung deutet die Euphorie die Chance an, den Himmel in sich zu verwirklichen – während die Depression die Aufforderung enthüllt, sich mit dem Tod auszusöhnen. Statt sich mit Selbstmordgedanken zu quälen, wäre die eigene Endlichkeit zu konfrontieren und daraus Freiheit zu gewinnen. Erst wer den Tod akzeptiert hat, kann richtig leben, weiß der christliche Mystiker Angelus Silesius. Wer aber konfrontiert seine eigene Endlichkeit heute noch und sieht im Tod den Moment der (Er-)Lösung? Wer will noch den Himmel in sich verwirklichen und Erleuchtung finden? Viele der im Alzheimer-Bild zusammenkommenden Symptome zeigen uns die eigenen großen Aufgaben.

Alzheimer wird zur persönlichen »Götterdämmerung«, das große Vergessen erfasst das ganze Leben, und ein Nichts und Niemand bleibt übrig – in der unerlösten Variante. Es ist nicht Odysseus, der bei Polyphem sagen kann »Ich bin Niemand« und damit sein Leben rettet. Die Agnosie lässt die vertane Chance durchscheinen, Wissen in Weisheit zu wandeln und selbst diese aufzugeben und zu Sokrates' »Ich weiß, dass ich nichts weiß« zu gelangen. Die Aufgabe wäre (gewesen), sich auf die Heimat der Seele zurückzubesinnen, um die Welt wieder mit kindlichem Staunen betrachten zu lernen, um mit dem Tod fertigzuwerden, der in den Depressionen anklingt, und die Karikatur der Glückseligkeit, die Euphorie, in echtes Glück zu wandeln und letztlich die Einfalt des Kindes auf erlöster Ebene zu verwirklichen und »wieder zu werden wie die Kinder« auf dem Rückweg zur Einheit.

So wird uns in der Geschichte der Vater des Autors sowie im Kollektiv diese Form der Demenz zum Spiegel einer Gesellschaft, die den Entwicklungsweg so weit aus den Augen verloren hat, weil sie sich so weit von ihrer eigenen Kultur entfernt hat, dass ein Krankheitsbild notwendig wird, das ihr das seelische Entwicklungsdefizit so krass vor Augen hält. Die pflegenden Angehörigen, aber auch alle, die diese an- und berührende Geschichte lesen, können miterleben, wie wertvoll es ist, das eigene innere Kind am Leben zu halten, in der Lebensmitte »die Kurve zu kriegen« und bewusst umzukehren, um sich der Erfahrung und Erfüllung der seelischen Vollendung und die zweite Lebenshälfte der Kultur zu widmen, wie es schon C. G. Jung uns nahelegte.

Vor einem Vierteljahrhundert hatte ich die Chance, noch eine andere Ebene dieses Krankheitsbildes zu verstehen, nutzte sie aber nicht, wofür ich mich nur entschuldigen kann. Damals brachte eine Patientin, weil sie für ihre an Alzheimer im Anfangsstadium leidende Mutter keine Betreuung fand, diese einfach mit in meine beiden Herbst-Fasten-Seminare. Überraschenderweise hatte das Hotel den Küchenbetrieb während dieser 16 Tage dank Fastenseminar ganz eingestellt. Ziemlich weit außerhalb gelegen, hatte die Kursteilnehmerin also Probleme, ihre Mutter zu ernähren. Auf ihre Frage, ob diese nicht einfach mitfasten könne, antwortete ich ehrlich, dass ich mit Fasten bei Alzheimer keine Erfahrung hätte, aber andererseits auch: »Was soll dabei eigentlich noch schlimmer werden?«

Also fastete die Mutter mit, und ihre Situation besserte sich zu unserem großen Erstaunen deutlich und rasch. Ihr Humor kam zurück, und sie nahm wieder mehr am Geschehen teil. Eigentlich war schon damals im Ansatz klar, dass der ketogene Fastenstoffwechsel die Besserung bewirkte. Aber da ich sonst nie mit Alzheimer-Patienten zu tun hatte und die anfänglich noch gegebenen Hinweise an Angehörige und Betreuer, es mal mit Fasten zu versuchen, nicht aufgegriffen wurden, vergaß ich diese Erfahrung fast ganz. Erst als mir Jahrzehnte später das Buch der US-Kollegin Mary Newport in die Hände fiel, erinnerte ich mich schlagartig wieder. Da allerdings fiel es mir wie Schuppen von den Augen, und ich wusste sofort, dass Newports Erkenntnis, Alzheimer sei eine Art Typ-III-Diabetes, richtig sein musste, denn das erklärte die Besserung durch den ketogenen Fastenstoffwechsel.

Inzwischen hatte ich *Peace Food* geschrieben und die Ansätze von *Das Geheimnis der Lebensenergie* bereits im Hinterkopf, wodurch mir immer klarer wurde, welch entscheidenden Einfluss Ernährung auf viele Krankheitsbilder und auch Alzheimer hat. Später stieß ich auf die Bredesen-Untersuchung, bei der mit Ernährungs- und Lebensumstellung sieben von acht Alzheimer-Patienten wieder in ein normales Leben zurückgeholt werden konnten. Alzheimer ist also nicht unumkehrbar, wie die Schulmedizin lange behauptet hat, Alzheimer kann mit einer pflanzlich-vollwertigen Diät und guten Fetten, wie vor allem Kokosöl, in sehr vielen Fällen wieder geheilt werden.

Vor allem aber kann dem großen Vergessen vorgebeugt werden, wenn wir uns im Sinne von *Peace Food* und *Geheimnis der Lebensenergie* verantwortlich ernähren. Warum nicht ein für alle Mal auch bei sich einen entscheidenden Ölwechsel durchführen und unser Gehirn prophylaktisch mit den wertvollen mittelkettigen Fettsäuren des Kokosöls ernähren? Wo es doch im Rahmen der um sich greifenden Insulinresistenz und des metabolischen Syndroms mit den Kohlenhydraten, insbesondere den raffinierten, die zu diesem Elend so entscheidend beitragen, offensichtlich nichts mehr anfangen kann? Alles spricht für eine wirklich ausgewogene Ernährung auf pflanzlich-vollwertiger Grundlage mit reichlich gutem, reifem Quellwasser und guten Fetten für unser Gehirn, das zu über 70 Prozent aus Fett besteht.

Und noch wichtiger und auch noch schwieriger für unsere so materiefixierte Welt: Wir sollten schon aus Gesundheitsgründen rechtzeitig wieder Kontakt zu unserem inneren Kind aufnehmen und dem archetypischen Lebensmuster folgen: Das heißt, in der Lebensmitte umkehren, wie es unsere christliche, aber etwa auch die hinduistische Kultur verlangen. Wenn wir dem entsprechen und zu großen staunenden Kindern werden, können wir dem großen Vergessen den Stachel nehmen und ein ungleich erfüllteres Leben leben – das obendrein auch noch viel besser schmeckt.

Ruediger Dahlke, Bürgenstock im Juli 2016

Bevor es nun losgeht, eine kleine Anmerkung zum Text:
Im Lauf der Pubertät begannen mein Bruder und ich, unsere Eltern mit deren Vornamen Franz und Rita anzusprechen. Für die Zeit damals war das fast unerhört, sollte aber kein Ausdruck der Respektlosigkeit sein, sondern dazu dienen, besser auf Distanz gehen zu können. Im Nachhinein sehe ich, dass es einer besseren Ablösung nutzte. Erst am Ende der Pflege meines Vaters war es mir möglich, ihn selbstverständlich wieder mit »Papa« anzusprechen. Bei meiner Mutter gelang mir das schon nach ein paar Wochen. Es brauchte schlussendlich bei beiden keine Distanzierung mehr. Mein Vater und meine Mutter waren mir wieder ans Herz gewachsen.

VORGESCHICHTEN

Die Diagnose

Im Frühjahr 2003 erhält mein Vater die Diagnose *vaskuläre Demenz*, eine aus schulmedizinischer Sicht fortschreitende Zerstörung des Gehirns durch mangelhafte Durchblutung und als Folge kleiner Schlaganfälle. Unheilbar.

Mein erster Besuch nach der Diagnose

Zusammen mit unseren drei Kindern besuche ich meine Eltern. Wir sitzen am Tisch. Mein Vater räuspert sich und beginnt, von seiner Diagnose zu berichten. Nur kurz. Verzweiflung ist in seiner Stimme und Unsicherheit, auch Kraftlosigkeit und letztlich Sprachlosigkeit. Meine Mutter erträgt sein Schwachsein nicht und entkommt ihrem Gefühl der Hilflosigkeit mit heftigen Vorwürfen gegen die behandelnden Ärzte. »Sie haben ihn kaputtgemacht«, wiederholt sie immer wieder. Mein Vater stimmt nickend zu. Er schweigt jetzt. Sein Kopf ist gesenkt, sein Gesicht nicht zu sehen, als wolle er in seinem Schwachsein nicht erkannt werden und als würde er sich schämen.

Ich erinnere mich an eine Geschichte, die mir einst meine Mutter erzählte. Vaters älterer Bruder Hans wurde als Junge von einem Pferd getreten und am Kopf getroffen. Eine geistige Behinderung war die Folge. Hans wurde keine 30 Jahre alt. Meine Mutter erfuhr von der Behinderung ihres Schwagers erst lange nach der Hochzeit, weil mein Vater diese als Schande empfand und glaubte, meine Mutter würde ihn deshalb vielleicht nicht heiraten wollen. Das entbehrte jeglicher Logik, denn eine erworbene Behinderung ist nicht erblich. Meine Mutter konnte Vaters Ablehnung und das Verstecken seines behinderten Bruders nie verstehen. Und jetzt, jetzt sollte er selbst von einer geistigen Behinderung betroffen sein!

Meine Mutter klammert sich erneut an den Vorwurf, »Sie haben ihn kaputtgemacht!«. Ich fühle mich auch schon ganz kaputt und halte die Situation nicht mehr aus. Was für eine Schlagzeile, denke ich, »Ärzte machen Schulamtsdirektor kaputt«.

In unserer Familie wird immer irgendjemand von irgendetwas oder irgendjemandem kaputtgemacht. Auch meine Mutter hat ein Arzt kaputtgemacht, weil er ihr trotz akuter Entzündung eine neue Hüfte eingesetzt hatte. Fast hätten sie ihr das Bein amputieren müssen.

Ein Professor hat meinen Bruder kaputtgemacht, weil er ihn mehrmals durch das Physikum fallen ließ. Mein Onkel wurde von einem Pferd kaputtgemacht, meine Oma von ihrem Sohn, die Kinder der Tante von der Tante und der Vogel von der Katze. Meine Mutter liebt Vögel und hat eine große Achtung vor allen Tieren. Als sie noch laufen konnte, trug sie jede mit bloßer Hand gefangene Fliege persönlich aus dem Haus. So gut behandelt, flogen sie natürlich sogleich wieder zum Fenster herein. Ich trug die Fliegen auch aus dem Haus, allerdings klebten sie meist an der Klatsche. Für den Weg nach draußen nutzte ich diese Art Sammeltransport. »Nicht kaputtmachen«, wiederholte meine Mutter immer wieder. Als Kinder bekamen wir für jede lebend gefangene Fliege einen Pfennig und besserten unser Taschengeld damit auf. Wollte ich heute mit diesem Kopfgeld meinen Lebensstandard erhöhen, würde ich mich kaputtmachen.

Erneut wiederholt meine Mutter: »Die Ärzte haben ihn kaputtgemacht!« Ich halte diesen Satz nicht mehr aus. Immer braucht es einen Schuldigen in unserer Familie! Unsere Kinder spüren die Ausweglosigkeit, stehen einfach auf und gehen in den Garten spielen. Eine Zeit lang bin ich zwischen Hilflosigkeit und Wut gefangen, frage dann aber mit provokantem Unterton nach, wie die Ärzte meinen Vater kaputtgemacht haben sollen. »Er musste Aspirin für die Blutverdünnung schlucken«, antwortet meine Mutter, »seit seinem Schlaganfall vor ein paar Jahren.« Und wieder kommt, »sie haben ihn kaputtgemacht«.

»Du sagst, er musste sie schlucken! Wer hat ihn gezwungen, die Tabletten zu schlucken?«, frage ich. Die Antwort bleibt aus. Ich fahre fort: »Wie oft haben Michaela und ich gesagt, dass Franz nicht alles nehmen soll, was die Ärzte ihm geben!«

Mein Vater erwacht zu neuem Kampfgeist und sagt: »Lass das, ihr mit eurer Wundermedizin!« Er wird richtig giftig. »Dass ich nicht lache! Das hat noch nie was gebracht, und das wird nie was bringen!« Der Satz, der jetzt folgt, ist allen klar, und er kommt prompt: »Das war schon immer so und wird immer so bleiben.« Jetzt endlich halte ich meinen Mund, damit das Gespräch nicht völlig entgleist.

Wir sitzen am Tisch und schweigen uns aus. Für das, was ist, haben wir keine Sprache. An Zukunft mag keiner denken, und über die Vergangenheit will im Moment auch niemand reden, weil immer jemand schuld ist. Zu viele Reizworte liegen in der Luft.

Als wäre nichts geschehen, geht unser Leben weiter.

Die Ausstellung

Ich bin wieder zu Besuch bei meinen Eltern. Anlass ist eine Ausstellung meines Vaters. Er bereitet diese gerade vor. Mit seiner Pensionierung vor gut 15 Jahren startete er eine neue Karriere als Maler. Er macht schöne Bilder in Öl und zeichnet auch sehr gut, sehr perspektivisch, als hätte sein Leben eine gute Perspektive. Vom Verkauf seiner Bilder könnte er eine ganze Familie ernähren. Er ist nicht nur ein guter Maler, sondern auch ein guter Verkäufer. Im Zeichen des Stiers geboren, weiß er Geld zu machen.

Seit Tagen fährt er mehrmals täglich nach Schweinfurt, kauft Rahmen, geht immer wieder in einen Kopierladen, in dem er Stammkunde ist, und er kopiert, was das Zeug hält. Zu Hause beginnt er, die Kopien zu übermalen. Ich verstehe nicht, was er da tut, und er kann es mir nicht erzählen. Er antwortet nicht, wenn ich ihn frage. Ihm scheinen die Worte zu fehlen.

Sein ganzes Arbeitszimmer ist vollgestopft mit Rahmen, die Wände sind mit Bildern tapeziert, auf dem Schreibtisch türmen sich Passepartouts und Wechselrahmen, selbst der Boden ist zugestellt mit Bildern in allen Größen. Dichter geht es nicht. Mein Vater ist an einem Endpunkt angelangt. Ich empfinde die Situation als bedrohlich und erinnere mich an meinen Bruder, der vor 20 Jahren am Ende seiner Tage Flaschenöffner produzierte, künstlerisch sehr schön gestaltet, verchromt, versilbert, vergoldet, in allen Formen. Er selbst jedoch blieb verschlossen. »Ich kann es nicht sagen«, war seine Standardantwort, wenn ich ihn fragte, was los sei. Dann erstickte er sein Leben mit Zyankali, das er zum Verchromen der Flaschenöffner benötigt hatte.

Eines Morgens will mein Vater die Tür seines Arbeitszimmers öffnen. Der Bilderstapel am Boden ist verrutscht, die vorderen Bilder sind umgekippt, die Tür klemmt. Mein Vater schimpft und drückt gegen die Tür. Doch die Bilder geben nicht nach. Wie er. Nichts geht mehr. Nur mit List kann ich die vordersten Bilder zur Seite ziehen und die Tür wieder öffnen.

Ich erinnere mich an meine Zeit als Antikhändler und Trödler Ende der Achtzigerjahre. Eine Haushaltsauflösung in einer Kasseler Wohnung stand an. Der Verstorbene hatte eine hohe Pension und den Tick, möglichst viele Sonderangebote, ein Schnäppchen nach dem anderen zu schnappen. Hunderte von Kartons mit Gläsern, Toastern, Kaffeemaschinen und anderem Kram waren noch originalverpackt in der Wohnung gestapelt. Ein ganzes Zimmer der Wohnung war bis zur Decke vollgestellt. Eines Tages kippten einige Stapel um und versperrten dem kranken Mann den Weg aus dem Zimmer. Er starb elendig mitten im Überfluss.

Mein Vater wirkt völlig überlastet. Doch helfen lassen mag er sich nicht. Nicht vom Sohn! Ein treuer ehemaliger Schüler unterstützt ihn beim Bestücken der Ausstellung. Diesmal stellt er in der neuen Bibliothek des Orts aus, in wunderschön restaurierten Räumen. Die beiden, der Lehrer und sein Schüler, transportieren die Bilder zum Ausstellungsort. Am Abend um 18 Uhr soll die Vernissage sein, zu der ich eingeladen bin. Gerne hat er bei solchen Gelegenheiten die Familie um sich.

Die letzte Vernissage

Bereits um 17 Uhr fahre ich mit unseren Kindern zum Veranstaltungsort. Die Bilder, die er diesmal ausstellt, sind wild durcheinandergewürfelt. Beim näheren Hinsehen merke ich, dass Originale und Kopien bunt gemischt und Letztere nicht einmal als solche kenntlich gemacht sind. Der Kunstfreund würde eine Katze im Sack kaufen, weil, wie sich herausstellen sollte, auch mein Vater Original von übermalter Kopie nicht mehr unterscheiden konnte. Mir ist unbehaglich, und ich bin froh, dass unsere Kinder dabei sind. Sie lenken mich ab. Sie bleiben unbekümmert, während ich mich immer kümmerlicher fühle.

Um 18 Uhr ist außer meinem Vater, seinem Helfer, unseren Kindern, der Bibliothekarin und mir immer noch kein Besucher da. Ich gehe vor die Tür. Niemand in Sicht, nur der Bürgermeister kommt über den Schulhof gelaufen. Er soll die Eröffnungsrede halten. Auch um 18:15 Uhr sind die Räume noch besucherfrei. Alle sind wir verunsichert. Langsam wird uns bewusst, dass keine Besucher kommen werden.

»Hast du die Einladungen verschickt?«, frage ich vorsichtig meinen Vater. Er kann mit dem Wort nichts anfangen, und ich weiß, die Vernissage ist im Arsch. Das Ausmaß seiner Erkrankung beginnt mir klarer zu werden. Der Bürgermeister rettet die Situation, indem er unbeeindruckt vom Ausbleiben der Besucher ein paar schöne Worte zur Ausstellung sagt, sich dann freundlich von allen verabschiedet und geht. Ich begleite ihn zum Ausgang, bedanke mich für sein Kommen. Er wendet sich mir zu und sagt: »Dein Vater gefällt mir schon lange nicht mehr. Schaut, wie ihr ihn gut betreuen könnt.«

Das ist nicht nur die letzte Vernissage meines Vaters, er kann seither nicht einmal mehr malen. Ich beginne zu verstehen: Deshalb fuhr er so oft ins Kopiergeschäft. Mit Farbe und Papier, die ich ihm in den nächsten Tagen auf dem Tisch bereitstelle, weiß er nichts anzufangen. Regungslos bleibt er vor den Utensilien sitzen und versteht nicht, was ich von ihm will. Die Information, die mit Farbe, Pinsel und Papier im Kontext stand, ist gelöscht. Die Kopierfunktion geht noch.

Im Supermarkt

Heute will ich meine Eltern besuchen, um ein Gefühl zu bekommen, wie groß die Verwirrung meines Vaters ist. Letztlich aber geht es um die Entscheidung, ob er weiterhin Auto fahren kann. In Bergrheinfeld angekommen, halte ich am Supermarkt, um ein paar Blumen für meine Mutter zu kaufen. Sie liebt bunte Sträuße und bedankt sich stets mit den Worten »Du hättest doch kein Geld ausgeben müssen«. Sie ist immer bescheiden. Vor allem lebt sie sparsam, eine Eigenschaft, die bei mir im Lauf der Jahre keine Spuren hinterlassen hat.

Direkt vor dem Supermarkt entdecke ich einen weißen BMW mit offener Fahrertür und laufendem Motor, wie ich bei heruntergelassener Scheibe hören kann. Abgestellt wie ein Fluchtauto. Ich steige aus und sehe es mir aus der Nähe an. Kein Zweifel, es ist das Auto meines Vaters. Überfällt er gerade die Kassiererin bei Edeka, oder ist er nur einkaufen? Einige Leute gehen an mir vorbei und lächeln mir freundlich zu. Zuweilen glaube ich einen Anflug von Mitgefühl zu entdecken. Nicht nur mein Vater, auch sein Auto ist im Ort bekannt. Nur kurz überlege ich, ob mir die Situation jetzt peinlich sein soll. Ich entscheide mich für »nicht peinlich«, lasse das laufende Auto weiterlaufen und begebe mich direkt in den Supermarkt.

Dort sehe ich meinen Vater an der Kasse stehen und mit der Kassiererin schäkern, nachdem er ihr sein Portemonnaie gereicht hat. »Nehmen Sie, was Sie brauchen«, sagt er zu ihr. Ein Überfall liegt also nicht vor. »Komisch«, denke ich, »mir hat er so ein Angebot noch nie gemacht.« Die Kassiererin kennt das Spiel mit dem Bezahlen, nimmt einen Schein und ein paar Münzen aus seiner Börse, zeigt demonstrativ ihre geöffnete Hand, damit er und alle Umstehenden sehen können, wie viel Geld sie herausgenommen hat. Sie rechnet ab. Die Kasse klingelt. Hilfsbereit packt sie nun die Ware in eine Plastiktüte und reicht ihm sein Portemonnaie. Doch er reagiert nicht, als hätte er mit der Rückgabe seiner Geldbörse nicht gerechnet. So steckt ihm die Kassiererin das Portemonnaie in die Jackentasche. Ganz mit sich beschäftigt, läuft er mit der Tüte in der Hand aus dem Geschäft direkt an mir vorbei, steigt in seinen BMW, lässt die Fahrertür zufallen, und weg ist er.

Ich will ihm folgen, doch so schnell geht das nicht. Schließlich muss ich erst noch mein Auto aufsperren, die Tür öffnen, einsteigen, Tür wieder zumachen, Zündschlüs-

sel einstecken, den Motor anlassen, Gas geben. Mein Vater
mit seinem Fluchtmodell ist eindeutig im Vorteil. An der
nächsten Ampel steht er vor mir. Ich bin beruhigt, dass er
auf Rot anscheinend noch richtig reagiert. Dann schaltet
die Ampel auf Grün. Er macht keine Anstalten zu starten.
Der Fahrer hinter mir hupt, einmal, zweimal. Er reagiert
nicht. Jetzt hupe auch ich ihn mehrmals an. Endlich fährt er
los. Gut, mit kleiner Hilfestellung erinnert er sich also doch
noch an die Bedeutung von Grün. Beim Fahren orientiert
er sich dicht am Mittelstreifen, zum Segen der Fahrradfah-

rer. Am Möbelgeschäft Hochrhein hält er kurz an, um dann links in unsere Siedlung zu biegen. Das ist ein sehr gefährliches Eck, weil erst im letzten Augenblick zu sehen ist, wenn ein Auto unerwartet ins Dorf hineingerast kommt. Mein Vater gewinnt das russische Verkehrsroulette. Ich bin da etwas vorsichtiger und taste mich über die Kreuzung.

In der kleinen Straße, in der meine Eltern wohnen, ist jetzt dank des Linkstrends meines Vaters jeglicher Gegenverkehr ausgeschaltet. So kommt es auch heute zu einem kleinen Stau. Wie immer fühlt er sich im Recht, sodass zwei entgegenkommende Fahrzeuge auf den Gehsteig ausweichen müssen. Dann fährt er ruhig bis zu dem schmalen Weg, der zu meinem Elternhaus führt, um rückwärts in die Einfahrt zu setzen. Nach drei Anläufen schafft er es in die Garage. Rückwärts! Ohne Schramme! Die Kratzer rechts und links an seinem Auto erzählen andere Geschichten. Das Mäuerchen am Rand ist nämlich so niedrig, dass man im Auto gar nicht sehen kann, wie viel Abstand noch bleibt. Ein Grund, warum es so oft attackiert wird.

Mein Eindruck von der Verkehrstüchtigkeit meines Vaters ist nicht berauschend. Etwas anders sieht es am nächsten Tag die Polizei. Sie findet seine Fahrweise berauscht. Eine ganze Weile folgt sie ihm, weil er auffällig langsam unterwegs ist. Schließlich halten ihn die Polizisten an und lassen ihn ins Röhrchen pusten. Null Promille! Sie reichen ihm ein weiteres Röhrchen in der Vermutung, dass Ersteres defekt ist. Wieder null Promille. Nach einem dritten Versuch mit unverändertem Ergebnis entschließen sich die Ordnungshüter, ihn ins Krankenhaus zu bringen. Ein Arzt entnimmt eine Blutprobe. Erneut null Promille. Die Polizisten verstehen die Welt nicht mehr. Wie auch der Arzt ahnen sie nicht, dass mein Vater an einer Demenzerkrankung leidet. So müssen ihn die Polizisten zu seinem Auto zurückbringen. Bei uns zu Hause angekommen, erzählt er entrüstet vom unmöglichen Verhalten der Polizei. Meine Mutter schweigt, ich sage nichts, bin aber in großer Sorge. Sein Fahrstil ist so sicher wie eine Zeitbombe. Keiner kennt die Reihenfolge des Zerfalls seiner Gehirnzellen, und keiner weiß, was passiert, wenn Rot für ihn plötzlich keine Bedeutung mehr haben wird.

Ich rufe im Krankenhaus an, lasse mich mit dem Professor verbinden, der einst Demenz diagnostiziert hatte, und bitte ihn, für den Entzug des Führerscheins zu sorgen. Die Antwort des Professors: »Da kann ich Ihnen nicht weiterhelfen. Noch kann er ja fahren.« Er ergänzt: »Rechtlich ist da eine Grauzone.« Ich bedanke mich nicht für seine Nichthilfe und fühle mich mit der Situation alleingelassen. Auch ein Anruf beim Anwalt unserer Familie bringt nicht weiter. »Es gibt keinen Paragrafen, der den Führerscheinentzug ermöglicht«, ist auch hier die Antwort.

Autoeskapaden

Eine Woche später, ich bin mal wieder in Bergrheinfeld, um das Verhalten meines Vaters zu checken, erzählt er mir, dass sein Auto kaputt sei, die Werkstatt ihm aber nicht helfen wolle. Also rufe ich beim Autohaus in Schweinfurt an und frage nach. »Tut mir leid«, sagt der Meister, »das Auto Ihres Vaters ist völlig in Ordnung.« Er erzählt weiter, dass Vater schon dreimal bei ihm war, er aber am Auto nichts finden konnte. Er betont »am Auto«, und es ist klar, wo auch der Meister das Problem sieht. Er ergänzt noch: »Täglich ruft er mehrmals an. Er beklagt sich, dass der Motor manchmal laute Geräusche machen und das Auto nicht mehr fahren würde. Wir wissen nicht, was wir mit ihm noch anstellen sollen!«

Einige Wochen später erzählen mir die Nachbarn, dass mein Vater manchmal in seinem Auto sitzt und der Motor laut aufheult. »Es dauert seine Zeit, bis er endlich losfährt.« Die Ahnung, die ich habe, wird schnell zur Gewissheit. Er vergisst immer wieder, den Gang einzulegen, gibt aber dennoch Vollgas, und so heult der Motor natürlich auf. Mit viel Glück erinnert er sich dann an die Kupplung, versteht aber den Zusammenhang zwischen vergessener Kupplung, Gas geben und dem Aufheulen des Motors nicht mehr.

Die Autoeskapaden meines Vaters nehmen zu. Die Woche darauf fahren wir zusammen in seinem Auto zum Essen. Er ist der Steuermann, ich sitze hinter dem Beifahrersitz, sicher angeschnallt, und beobachte seine Fahrweise. Schon nach hundert Metern weiß ich, das war mein letztes Abenteuer mit ihm als Fahrzeugführer. An zwei Kreuzungen gewinnt er das Verkehrsroulette. Beim Abbiegen auf den Parkplatz der Gaststätte holt er so weit nach links aus, als müsse er einen Sattelschlepper einparken. Der Gegenverkehr, es kommen nur drei Gegner, muss warten. Auf dem Parkplatz der Gaststätte nimmt er ein Motorrad mit, das ihm nicht gehört. Es kippt um und bleibt auf der Seite liegen. Was soll es auch anderes machen. Mein Vater fährt einfach weiter. Ich schreie: »Halt, halt! Du hast ein Motorrad umgefahren!« Endlich stoppt er, wir steigen aus, und ich zeige ihm, was passiert ist. Er versteht nichts. Doch ist ihm die Situation sichtlich peinlich. In der Gaststätte kläre ich mit dem Eigentümer des Motorrads den Schadensfall.

Beim Essen überrede ich meinen Vater zu zwei Bier, damit klar ist, dass ich sein Auto nach Hause lenke. Es funktioniert. Ich darf fahren und weiterleben. Meine Mutter sagt zu alledem nichts. Selbst beim russischen Verkehrsroulette ihres Mannes legt sie ihr Schicksal in seine Hände.

Ich erinnere mich an eine Geschichte, die vor einigen Jahren in der Zeitung stand. Ein Mann war erblindet, ließ es sich aber nicht nehmen, sein geliebtes Auto weiterhin zu steuern. Seine Frau wollte ihm die Verzweiflung durch den Verlust seiner Fahrberechtigung ersparen. So nahm sie wie immer lieb und brav auf dem Beifahrersitz Platz. Beim Fahren berichtete sie ihrem Mann, was auf der Straße gerade passierte. Diese Live-Verkehrsdurchsage war von Anweisungen begleitet, was er zu tun habe, wann er bremsen, Gas geben, blinken oder abbiegen solle. Die kurzen Wege, die beide zu erledigen hatten, schafften sie ohne Karambolagen. Irgendwann jedoch war das unsichere Fahrverhalten einer Streife aufgefallen, die der Mann fast gestreift hatte. Beim Aussteigen merkten die Polizisten, dass der Fahrzeuglenker eigentlich ein blinder Passagier war, der lediglich auf die Befehle seiner Beifahrerin reagiert hatte.

Mir ist klar, wie bedeutungsvoll das Auto für meinen Vater ist. Doch so kann er nicht weiterfahren, nur weitergehen.

Schwerer Abschied

Gleich am nächsten Tag gehe ich frühmorgens in die Garage, öffne die Motorhaube von Vaters Auto und lockere die Zündkerzen. Gleich um acht Uhr rufe ich im Autohaus an, gestehe meine Tat und bitte den Meister, sollte sich mein Vater melden, geduldig mit ihm zu sein, aber keinen Monteur zu schicken. Ich verspreche ihm, dass der Spuk bald ein Ende haben wird.

Zwei Stunden später will mein Vater nach Schweinfurt fahren und geht in die Garage. Zu seinem Ärger springt das Auto nicht an. Ganz böse kommt er zurück in die Wohnung, schimpfend über BMW und den schlechten Service. »Hab ich doch gleich gesagt, dass das Auto kaputt ist.« Er fährt fort, allerdings nicht mit dem Auto: »Die bekommen was zu hören!« Meine Mutter ist eingeweiht und stellt sich taub, während mein Vater zum Telefon greift und den Meister anmacht, immer wiederholend, »das hab ich doch gleich gesagt«. Dieser Lieblingssatz von ihm hat mich in meiner ganzen Kindheit und Jugend verfolgt. Anschließend geht er wieder in die Garage und versucht erneut, sein Auto anzulassen. Nichts rührt sich. Mehrmals noch ruft er an diesem Tag den Meister an. Mehrmals noch sucht er die Garage auf. Er will es nicht glauben.

Da er unbedingt hinauswill, holt er zu meiner Überraschung das Fahrrad meines Großvaters aus der Garage. Oh Gott, sage ich laut, er wird doch jetzt nicht Fahrrad fahren! Meine Bitte wird sofort erhört. Mein Vater nimmt das Fahrrad und schiebt los Richtung Supermarkt. Ich folge ihm mit großem Abstand. Bei Edeka angekommen, stellt er sein Rad nicht in den dafür vorgesehenen Ständer, sondern schiebt es durch den Laden und füllt den Korb am Lenkrad mit Ware. Mit großer Selbstverständlichkeit, als würde es sich um einen Drive-in-Schalter bei McDonald's handeln, erscheint er mit dem Rad schließlich an der Kasse. Keiner der Mitarbeiter des Markts mischt sich ein, alle tolerieren auch diese Eskapade meines Vaters. Nachahmer stellen sich in der Folgezeit zum Glück nicht ein. Was für ein Bild: Hunderte von Rentnern schieben mit ihren Rädern, E-Bikes und Mopeds durch die Supermärkte. An der Kasse das übliche Ritual. Er legt die Ware auf das Band, reicht der Kassiererin sein Portemonnaie, diese nimmt den Rechnungsbetrag heraus, steckt die Börse in seine Jackentasche zurück und legt die Ware in den Korb am Fahrradlenker. Mein Vater macht sich auf den Heimweg. Das Fahrrad ist nun sein Einkaufsrollator. Täglich schiebt er damit los.

Nach einer Woche ist die Wut meines Vaters über das kaputte Auto verraucht und die Erinnerung verblasst. Er geht nicht mehr in die Garage, um sein Auto in Gang zu setzen. Auch der Meister des Autohauses kann wieder in Ruhe seiner Arbeit nachgehen. Allmählich verschwindet das Auto aus Vaters Welt. Aber mein schlechtes Gewissen bleibt. Immerhin trickse ich ihn fortlaufend aus, weiß aber nicht, wie ich besser handeln könnte. Ein Fahrverbot vom eigenen Sohn, das ließe er nicht durchgehen. Die Schuld am Verlust des Führerscheins würde er mir anlasten, und sein Vertrauen zu mir wäre zerstört, und das für längere Zeit, denn er ist nachtragend wie ein Elefant.

Mein Entschluss, das Auto zu verkaufen, reift. Ich rufe die Haushaltshilfe meiner Eltern an und frage, ob sie wisse, an wen ich das Auto verkaufen könne. Wie es der Zufall will, antwortet sie spontan: »An meinen Mann! Er wird stolz sein, das Auto vom Schulamtsdirektor fahren zu dürfen!« Mir soll das recht sein, und so mache ich ihr ein gutes Angebot. Abends spricht sie mit ihrem Mann, der ruft mich gleich an, und schnell werden wir uns einig. Bereits für den nächsten Tag ist die Übergabe geplant.

Beim Frühstück sage ich meinem Vater, dass vormittags jemand käme und das Auto holen würde. Er reagiert nicht. Als es an der Tür klingelt und ich dem Käufer öffne, steht mein Vater hinter mir. Er folgt uns auch in die Garage und erkennt sein Auto. Noch einmal sage ich ihm, dass sein Auto abgeholt würde. Ich bin froh, dass das nicht einmal gelogen ist. Nur geschwindelt! Er ist sich sicher, sein geliebtes Auto bald repariert zurückzubekommen und wieder fahren zu können. Ich überreiche dem neuen Eigentümer die Schlüssel, er steigt ein und fährt los. Wir sehen das Auto um die Ecke biegen, und fort ist es. Mein Vater wirkt sichtlich zufrieden, voller Hoffnung sogar. Mir tut es in der Seele weh, ihn in falschem Glauben lassen und zusehen zu müssen, wie er ein weiteres Stück seiner Identität verliert.

An der Unfähigkeit, Situationen zutreffend einzuschätzen, merke ich, wie weit seine Demenzerkrankung fortgeschritten ist. Immer mehr verschließt er sich. Es gibt nur noch eine Welt – seine. Bedürfnisse und Interessen anderer existieren nicht mehr. Alles dreht sich um ihn. Trocken meint dazu meine Mutter, als ich sie darauf anspreche: »Das ist aber nicht neu, so war er schon immer.«

PFLEGELEICHT IST ANDERS

Pflegestufe 1

Eine Woche später fahre ich wieder zu meinen Eltern, um nach dem Unrechten zu sehen. Inzwischen bin ich jede Woche ein bis zwei Tage bei ihnen. Das gibt meiner Mutter Halt und Zuversicht, lässt aber meinen Vater oft ungehalten und hoffnungslos sein.

Ich komme ins Wohnzimmer und sehe meinen Vater weinend am Tisch sitzen. »Wer bin ich denn noch«, wiederholt er immer wieder. Meine Mutter ist verzweifelt. Unbeweglich sitzt sie in ihrem Rollstuhl. Seit dem Tod meines Bruders, der sich das Leben genommen hat, kann sie nicht mehr weinen. Das ist mehr als 20 Jahre her. Sie wirkt erstarrt. Sie weiß nicht, wie sie meinem Vater überhaupt helfen könnte. Er schluchzt und hält seinen Kopf in beiden Händen, um sein Gesicht zu verdecken. Eine völlig ungewohnte Situation für mich: Ich habe meinen Vater noch nie weinen sehen. Ich will ihn umarmen, doch Nähe kann er in dieser Lage schon gar nicht zulassen. Irgendwann schläft er erschöpft im Sessel ein. Ich rücke ihn näher an den Tisch, damit er nicht herunterfallen kann. Alle sind erschöpft und verzweifelt.

Meine Mutter erzählt mir, dass seine Sprache ganz schlecht geworden ist. Ihm fallen nur noch wenige Wörter ein, Namen schon gar nicht, und ganze Sätze sind ihm fast unmöglich. »Wer bin ich denn noch« ist einer der wenigen Sätze, die er immer wieder sagt. Für ihn ist das besonders bitter, da er redegewandt und der Sprache sehr mächtig war. Als guter Redner liebte er es, in der Öffentlichkeit zu sprechen. Erst jetzt wird uns allen bewusst, dass nicht nur einzelne Gehirnzellen ausfallen, sondern ganze Zentren in hoher Geschwindigkeit zerstört werden. Wie uns die Ärzte prophezeiten, erleidet er viele kleine Schlaganfälle. Diese werden meist nicht als solche erkannt. Nur die späteren Auswirkungen zeigen, was passiert ist.

Ich bleibe mehrere Tage und nutze die Zeit, einen Pflegedienst zu engagieren. Dieser will Pflegestufe 1 für meinen Vater beantragen. Ich bin beruhigt, dass wir jetzt professionelle Unterstützung bekommen. Meine Schwester Ingrid, die ebenfalls sehr besorgt ist und die Eltern unterstützt, wo sie kann, wohnt Hunderte Kilometer entfernt und ist als Beamtin unter der Woche unabkömmlich. Die Schwere der Verantwortung spüre ich bei mir, und für jede Erleichterung bin ich dankbar.

Unter anderem stelle ich fest, dass die Hygiene meines Vaters, der immer ein reinlicher Mensch und stets korrekt gekleidet war, stark nachgelassen hat. Die Pflegedienstleiterin verspricht, ihn auch beim täglichen Waschen zu un-

terstützen. Eine Woche später kommt eine Amtsärztin und genehmigt die erste Pflegestufe. Die tiefe Depression meiner Mutter, die zu ihrer schweren körperlichen Behinderung hinzukommt, bewegt die Amtsärztin, ihr sogar Pflegestufe 3 zu gewähren. So kann ich sicher sein, dass dreimal täglich nach meiner Mutter und damit auch nach meinem Vater gesehen wird.

Die Entscheidung

Eine Woche später schaue ich nach meinen Eltern, vor allem nach der Pflege meines Vaters. Ich hoffe sehr, dass er sich darauf einlassen kann. Ich erschrecke. Mein Vater sieht sehr ungepflegt aus, wo gerade er auf das Äußere immer so viel Wert legt oder besser gesagt gelegt hatte. Er ist unrasiert, trägt ein schmutziges Hemd und eine Hose mit Flecken. Ich beobachte, was der Pflegedienst mit meinem Vater macht. Als Erstes setzt sich die Pflegerin an den Tisch und füllt zehn Minuten lang Formulare aus. Fresubin verabreicht, Hilfe beim Aufstehen, Haare gekämmt, Unterstützung beim Waschen, kreuzt sie an. Das wirkliche Kreuz daran ist, dass bis zu diesem Zeitpunkt meinem Vater noch überhaupt keine Handlung zuteilgeworden ist. Das Fläschchen Fresubin, eine Art Nahrungsergänzung, lässt sie auf dem Tisch stehen, Haare braucht sie nicht zu kämmen, weil er nur noch wenige hat, und auf ihre Frage »Gehen wir uns jetzt waschen?« erntet sie ein klares: »Nein, lass mich!« Die Aufstehhilfe fällt also auch flach.

So ähnlich läuft das schon die ganze Woche. Manchmal lässt er sich rasieren, manchmal mit einem Waschlappen Gesicht und Hände waschen. Ich verstehe langsam, Pflegestufe 1 geht bei diesem Pflegedienst bis zum Hals, ich möchte nicht ungerecht sein, also inklusive Hals. Ich frage nach und erhalte die Antwort: »Wenn Ihr Vater sich nicht waschen lässt, was soll ich dann machen?« Ich kontere barsch: »Sie müssten mich als seinen Sohn informieren. Das ist das Mindeste, was ich erwarte.« Eine Ausbildung, mit Demenzkranken motivierend umzugehen, hat diese Pflegerin nicht. Ein mürrisches »Nein« meines Vaters genügt, und sie gibt auf. Zudem bekomme ich die Antwort, dass mehr Zeit bei Pflegestufe 1 nicht zur Verfügung stünde. »Das heißt, Sie pflegen immer vom Kopf bis zum Hals? Wie wäre es, wenn Sie ab und zu von unten nach oben pflegen würden? Mit Glück kommen Sie dann von unten bis zum Hals«, erwidere ich und füge hinzu: »Das wäre dann ganzheitliche Pflege.«

Ich bleibe mehrere Tage. Der Pflegedienst bekommt die Pflege meines Vaters nur selten geregelt. Oft ist mein Vater sehr aggressiv. Keiner wagt es dann, sich ihm zu nähern. Ich kündige dem Pflegedienst, als dieser zusammen mit dem Hausarzt versucht, meinen Vater medikamentös einzustellen, damit sie Ruhe von ihm haben. Ich antworte: »Bevor Sie meinen Vater mit Medikamenten einstellen, versuche ich es, mich gut auf ihn einzustellen.« Zusätzlich engagiere ich Privatpersonen, die mir vertrauenswürdig erscheinen, und fahre wieder zurück zu meiner eigenen Familie.

Schon nach kurzer Zeit erhalte ich die Kündigung der ersten Privatpflegerin. Die zweite Einstellung verläuft mit dem gleichen Ergebnis, und so geht es weiter. Keiner bekommt das aufsässige Verhalten meines Vaters geregelt. So entscheide ich mich, die Pflege meines Vaters selbst zu übernehmen, für fünf Tage die Woche. »Dann mache ich meine Coachings einfach zwischendurch oder abends«, denke ich, »und habe noch Zeit genug, mich gut auf ihn einzustellen.« Völlig naiv, wie sich bald herausstellt.

Der erste Tag

Heute ist der erste Tag in der Pflege meiner Eltern. Die Morgensonne scheint im ersten Stock ins Bad, die Vögel zwitschern und haben nur Schönes zu berichten. Kein einziger klagt, dass er nicht schlafen konnte oder in seinen Flügeln noch Muskelkater von gestern hat oder ihn Sorgen quälen, heute vielleicht nichts zu essen zu finden. Auch ich habe heute nur Schönes im Kopf, freue mich auf das Neue und denke an Hesses »Und jedem Anfang wohnt ein Zauber inne …«.

Nachdem ich mich zurechtgemacht habe, gehe ich die Treppe hinunter in die Küche und freue mich auch hier über die Sonnenstrahlen, die den ganzen Raum durchfluten. Sie lassen sogar die alten Küchenschränke meiner Mutter in schönem Licht erscheinen. Ich mache die Schiebetür zum Wohnzimmer auf und sehe sie friedlich in ihrem Pflegebett schlafen. Es steht direkt an einem großen Panoramafenster, damit sie einen schönen Blick in den Garten hat. Nach einer misslungenen Hüftoperation kann meine Mutter nur noch kleine Schritte unter großen Schmerzen machen. An Treppensteigen ist überhaupt nicht mehr zu denken. So bleibt das elterliche Schlafzimmer im Obergeschoss meist unberührt, denn auch mein Vater lässt sich auf seiner nächtlichen Wanderschaft durchs Haus meist im Wohnzimmer nieder. Er sucht die Nähe meiner Mutter. Auch heute sitzt er leise schnarchend im Sessel an ihrem Bett.

Ich bringe die Kaffeemaschine in Gang, damit auch ich besser in die Gänge komme. Das Gerät ist komplett verkalkt und macht einen Höllenlärm. Es brodelt, spuckt und dampft, obwohl ich nur ein Tässchen brühen möchte. Die Maschine tut, als müsse sie eine Kompanie versorgen. Normalerweise macht Kaffee wach, in diesem Fall ist es die Maschine. Der Kaffee ist überflüssig. Jedenfalls rüttelt die Kaffeesparmaschine meinen Vater aus dem Schlaf. Er schaut sehr verwirrt, weil er nicht weiß, wo er sich befindet. Er entdeckt mich, schüttelt den Kopf, als würde das helfen, seine Gedanken zu ordnen, und ruft mehrmals: »Ja, ja, was ist denn!« Ich sage: »Franz, alles ist in Ordnung. Ich bin doch ab heute für dich da.« Ich ernte ein klares »Nein«, als wolle er sagen: »Was hast du denn in meinem Revier zu suchen?« Ich streiche ihm mit der Hand über seine Schulter. Mein Vater bleibt ungerührt von meiner Berührung. Ich weiß sofort, Hesses Zauber, der jedem Anfang innewohnt, ist verflogen, und ich bin bereits in den Modus gewechselt, der besagt, dass aller Anfang schwer ist.

Die Kaffeemaschine hat inzwischen auch meine Mutter geweckt. Ich sage »Guten Morgen, Mama« und umarme sie liebevoll. »Tut mir leid, dass die Maschine so laut ist.« Und ich ergänze: »Sollte ich sie nicht entkalken können, nehme ich sie als Wecker.« Meine Mutter mag meine Witze. Sie lächelt und freut sich über meine Anwesenheit. Ich bin entschädigt für den misslungenen Empfang meines Vaters. »Schön, dass du da bist«, sagt meine Mutter. »Kann dich Ela denn entbehren?« Ela ist meine Frau Michaela. »Ihr habt doch zu Hause genug zu tun«, fährt meine Mutter fort. »Ela kommt schon alleine klar. Da brauchst du dir keine Sorgen machen.« Und ich erzähle: »Am Samstag sagte mir Ela: ›Ich freu mich so auf Sonntag.‹ Ich verstand nicht und fragte: ›Was ist denn am Sonntag?‹ ›Da fährst du weg‹, sagte sie und lachte. Du siehst, Mama, es ist in Ordnung, wenn ich ein paar Tage nicht zu Hause bin.« Unsere kleine Unterhaltung interessiert meinen Vater überhaupt nicht. Er ist inzwischen aufgestanden, durch die Schiebetür zur Diele gegangen und jetzt auf direktem Weg in den ersten Stock, ohne Stock. Er kann noch sehr gut laufen, obwohl ihm der Hausarzt schon vor langer Zeit Balanceprobleme versprochen hatte.

Ich folge meinem Vater unauffällig, nehme die ersten Stufen nach oben, da kommt er mir schon wieder entgegen. Scheinbar gab es im Bad nichts Neues zu entdecken, das Schlafzimmer war leer, mein Kinderzimmer ebenfalls, sodass er sich zur Umkehr entschieden hat. Unauffällig folgen ist nicht mehr. So bleibe ich auf der Treppe stehen. Er geht einfach an mir vorbei, als würde er mich nicht sehen. Meine Breite und die Enge der Treppe machen das eigentlich unmöglich, sodass ich sicher sein kann, dass er jetzt seine Ignoranz einsetzt, um die Realität meiner Präsenz nicht akzeptieren zu müssen.

In der Diele angekommen, macht mein Vater eine Wende nach links, öffnet die Tür zum Flur, geht zielgerichtet auf die Glastür zu, seinem Tor zur Freiheit. Diese kann er von hier aus zumindest schon einmal sehen. Ich bin ihm auffällig gefolgt. An der Tür gebe ich ihm zu verstehen, dass wir nach dem Waschen gerne spazieren gehen können. Diese Worte bringen das Fass zum Überlaufen. Er rüttelt am Türgriff, klopft gegen die Scheibe und ruft immer wieder: »Was denn, was denn!« Ich versuche ihn zu beruhigen, doch mit jedem weiteren Wort gieße ich Öl ins Feuer.

Mein Vater kann nicht verstehen, dass ich es wage, ihn einzusperren. Erst baut er sich ganz groß vor mir auf, macht dann eine Drehung Richtung Schuhschrank, bückt sich, hebt einen Lederschlappen auf und geht mit diesem auf mich los. Dieses Los kannte ich schon. Als kleiner Junge hatte er mich nicht selten mit ähnlichen Lederschlappen verdroschen – bis seine Schlappen schlapper klangen. Erinnerungen kochen in mir hoch, und meine Wut gibt mir die Kraft, meinen Vater mit beiden Händen am Hemd zu packen, das damit das Gütezeichen »bügelfrei« für immer verloren hat. Ich hebe meinen Vater sogar ein Stück hoch und drücke ihn gegen die Wand. Sein rechter Arm verbiegt die Lamellentür des Schuhschranks, das Regal wackelt, und Schuhe purzeln aus den Fächern. Ich schreie ihn an: »Du schlägst mich nie mehr wieder, hast du das verstanden!« Weiter mache ich ihm klar: »Ab heute übernehme ich hier die Führung, kapierst du das!« Meinem Vater verschlägt es den Atem. Er bringt kein Wort mehr heraus und ist schneeweiß im Gesicht. Mitten im Sommer.

Nach dieser Aktion folgt mir mein Vater lieb und brav ins Wohnzimmer. Damit habe ich überhaupt nicht gerechnet. Meine Mutter tut, als hätte sie nichts gehört, blickt aber etwas ängstlich drein. »Keine Angst, Mama«, sage ich, »eben war nur Führungswechsel. Alles in Ordnung.«

Intimität

Es ist noch früh am Morgen. Die Kirchturmuhr schlägt einmal. Es ist 7:30 Uhr. Wie immer um diese Zeit klingelt der Pflegedienst meiner Mutter an der Tür, um sie vor dem Frühstück zu waschen. Das ist die Gelegenheit, mit meinem Vater ins Bad zu gehen. Ich bin erstaunt, dass er mir ohne Widerrede in die erste Etage folgt, nachdem ich sage: »Lass uns nach oben gehen.« Am Tag zuvor konnte ich mich mit der Vorstellung, meinen eigenen Vater nackt auszuziehen und zu waschen, überhaupt nicht anfreunden. Und dann noch Intimwäsche, wie soll das denn gehen? Immer wieder tauchten diese Gedanken in meinem Karussell auf. Und jetzt steht er vor mir, lässt sich widerstandslos fest nehmen und ausziehen.

Mein Vater strömt einen angenehmen, mir sehr vertrauten warmen Geruch aus. Ich kann ihn also gut riechen. Das könnte fast Liebe sein. Ich wasche ihn von Kopf bis Fuß. Es tut ihm gut. Besonders liebt er es, wenn er auf seinem Stuhl sitzen kann. Er nimmt Platz wie auf einem Thron, ich knie vor ihm und wasche seine Beine und Füße. Er genießt diese Geste der Demut, und wie es scheint, tut sie auch mir gut. Mit einem Waschlappen massiere ich seine Gliedmaßen. Auch das gefällt ihm. Der erste Waschtag ist gelungen. Mir wird bewusst, wie sehr mein Vater mir vertraut. Kurz schießt es mir durch den Kopf: »Hättest du mir dieses Vertrauen nicht schon früher und anders zeigen können? Musste ich das erst bei der Intimwäsche begreifen?« Genau das musste ich.

Ich erschrecke, weil seine Beine und Füße blau, teilweise sogar schwarz sind, als seien sie am Absterben. Ich wusste bereits, dass es hier ein Problem gibt. Der Hausarzt hatte zur besseren Durchblutung eine Creme verschrieben, die dank Kortison Abhilfe schaffen sollte. Ich verwende sie nicht. Als ich Tage später den Arzt frage, wie lange mein Vater diese Creme bereits nimmt, antwortet er »schon seit Monaten«. »Aber seine Beine und Füße sind fast schwarz!«, erwidere ich, »hilft die Creme wirklich?« »Wahrscheinlich nicht«, antwortet der Arzt, »aber was sollen wir denn machen?«

Jedenfalls ist das kein Grund, Umsatz für die Pharmaindustrie zu generieren, denke ich. Meine Befürchtung, dass bei einer Verschlimmerung eine Beinamputation notwendig würde, kann der Arzt nur bestätigen. Ich telefoniere noch am selben Tag mit meiner Frau, die Heilpraktikerin ist. Sie empfiehlt mir eine Mineralstoffcreme. Mit dieser massiere ich Beine und Füße meines Vaters früh und abends. Er genießt das Ritual. Bereits nach zwei Wochen beginnen seine Beine und Füße, wieder besser zu durchbluten. Die bläulich-schwarze Färbung lässt nach und ist bald komplett verschwunden.

DIE ORALE PHASE
oder meins, meins, meins!

In der Form des »meins, meins, meins« tritt die orale Phase von Demenzkranken in Erscheinung.

Ein Stück vom Kuchen

Nachmittags um vier Uhr ist Kaffeezeit. Meine Mutter und mein Vater freuen sich auf ihren Kuchen. Der Tisch ist gedeckt. Mein Vater sitzt über Eck neben meiner Mutter. Ich gebe jedem ein Stück Kuchen auf seinen Teller. Mein Vater nimmt seine Kuchengabel und beginnt genüsslich, zuerst den Kuchen meiner Mutter zu verspeisen. So sichert er sich seine doppelte Portion. Meine Mutter reagiert nicht, sie lässt ihn gewähren. »Mama«, sage ich, »du musst dich wehren. Lass dir das nicht gefallen!« Doch meine Mutter bringt die Kraft nicht auf, ihm das Stückchen Glück wegzunehmen.

Dieses Schauspiel wiederholt sich wochenlang, bis meine Mutter eines Tages tatsächlich den Teller wegzieht, bevor mein Vater mit seiner Gabel in ihre Torte sticht. Er ist völlig perplex. Doch seine eigene Portion behalten zu dürfen ist ihm in diesem Moment das Wichtigste. Er scheint Angst zu haben, alles zu verlieren. Endlich gehört auch meiner Mutter ein Stück vom Kuchen. Einige Male startet mein Vater noch Versuche, seine Portionierung zu verbessern, doch meine Mutter wacht weiterhin über ihren Anteil. Sie hat sogar Freude entwickelt, sich zur Wehr zu setzen. Ihr jahrzehntelang eingeübtes Muster, meinem Vater das Beste zu überlassen, selbst beim Nachmittagskaffee, ist Geschichte geworden.

In der Eisdiele

Mein Vater hat eine Vorliebe für alles Süße, ein Gen, das auch bei mir stark ausgeprägt ist. Eine leichte Tendenz, beim Kuchenessen mit meiner Frau nach ihrer Torte zu schnappen nach Vorbild meines Vaters, ist bei mir ebenfalls vorhanden.

Damit die Zeit zwischen Frühstück mit Marmeladenbrot und Mittagessen, das zumindest mit einer Nachspeise versüßt wird, für meinen Vater nicht zu lange wird, fahren wir jeden Tag um zehn Uhr in die Eisdiele nach Oberndorf, einem kleinen Vorort von Schweinfurt. Nur dienstags versteht mein Vater die Welt nicht mehr. Da hat der Italiener Ruhetag.

Der Besitzer begrüßt meinen Vater als Erstes mit Handschlag. Er spricht ihn mit »Padrone« an. Ich muss dann immer lachen, weil ich an die Patronen einer Maschinenpistole denken muss. Aber so gefährlich und schnell sieht mein Vater wirklich nicht aus, zumindest nicht mehr. Das Flair eines Patrons hat er sich allerdings erhalten, und ich denke an das Buch *Der alte König in seinem Exil* von Arno Geiger, das auch die Geschichte eines Demenzkranken, der von seinem Sohn gepflegt wird, zum Inhalt hat. Mein Vater genießt die Ehrenbezeichnung »Padrone«, weil sie ehrlich und mit Anerkennung ausgesprochen wird.

Wie immer bestelle ich zwei Kugeln Erdbeereis, eine für ihn und eine für mich, und zusätzlich einen Cappuccino, nur für mich. Kaffee hat meinen Vater noch nie interessiert. Heute bedient Smiley, eine junge Studentin, die meine Tochter Joanina und ich so getauft haben, weil sie immer so freundlich lächelt und meinen Vater besonders zuvorkommend und respektvoll behandelt. Er genießt dieses Natürliche und Menschliche von Smiley. Sie serviert das Eis, bedient zuerst meinen Vater und dann mich. Er genießt das Eis mit kleinen Erdbeerstücken. Nur winzige Happen macht er auf seinen Löffel und lässt sie auf der Zunge zergehen. Bei 37 Grad im Schatten der Mundhöhle löst sich das Eis schnell auf. Dennoch dauert es mindestens eine Viertelstunde, bis mein Vater die Kugel aufgegessen hat.

Im Zusammensein mit mir versucht er nicht, nach meiner Portion zu greifen, obwohl das das Beste für meine *Kugel* wäre. Im Unterschied zum Nachmittagskaffee mit meiner Mutter scheint er sofort zu erkennen, dass die Option einer doppelten Portion mit mir nicht gegeben ist. Er fragt nicht einmal nach einer zweiten Portion. Auf diese Idee kommt er auch nicht, wenn er nachmittags inzwischen nur ein Stück Kuchen abbekommt, weil meine Mutter so egoistisch geworden ist, selbst ein Stück zu beanspruchen.

Der Nachschubtrieb, der zu Lasten meines Gewichts geht, ist bei meinem Vater nicht vorhanden. Das erstaunt mich zunächst, doch ist es logisch, denn es zählt für ihn der Moment und damit das, was da ist und was er sehen kann.

Fingerfood

Ein- bis zweimal die Woche gehe ich mit meinen Eltern zum Essen. Sie lieben es, auswärts zu speisen. Meist besuchen wir Gaststätten, in denen mein Vater bekannt ist. Gerne will er gesehen und zuvorkommend begrüßt werden. Der Apfel fällt nicht weit vom Stamm, mir ergeht es da ähnlich. Ein liebes Wort des Wirts und ehrliches Nachfragen, wie es geht, und ich bin Stammgast. Heute ist wieder so ein Tag, an dem wir alle drei hinausmüssen. Ich habe keine Lust zu kochen, und so packe ich meine Eltern ins Auto, und los geht es. Wenn das nur so einfach wäre! Denn nicht nur mein Vater, auch meine Mutter ist schwerbehindert. Dank ihrer kaputten Hüften kann sie nicht mehr laufen, also auch nicht weglaufen, was für die Gesamtsituation wiederum ein Segen ist. Zwei Ausbrecher wären ohne Personenschutz-Zusatzausbildung schwer zu managen.

Ich gehe systematisch vor. Zunächst hole ich das Auto aus der Garage und parke es am Eingang. Dann ist meine Mutter an der Reihe. Würde ich meinen Vater zuerst zum Auto bringen, wäre die Wahrscheinlichkeit groß, dass er allein nicht im Auto sitzen bleiben, sondern aussteigen und davonlaufen oder sogar wegfahren würde. Natürlich vorausgesetzt, seine Wegfahrzelle wäre nicht gesperrt. In möglichen Fluchtsituationen setzt mein Vater unglaubliche Kräfte frei. Seine Schmerzen an Knien und Beinen sind plötzlich spurlos verschwunden. Für den Transport des Schmerzgefühls zum Gehirn hat mein Vater in solchen Momenten kein bisschen Energie übrig.

Also schiebe ich zuerst meine Mutter im Rollstuhl zum Auto. Als ich die Haustür meinem Vater vor der Nase zumache, geht er in die Verwirrung. Er rüttelt an der Tür, und ich höre ihn laut »lass mich« rufen und heftig gegen die Scheibe klopfen. Nicht dazuzugehören oder sogar ausgeschlossen zu sein gehört zu den größten Ängsten in seinem Leben. Kein Wunder, denn als junger Erwachsener wurden seine Eltern am Ende des Kriegs aus ihrer Heimat vertrieben und auch er damit entwurzelt. Fluchtartig mussten sie ihren kleinen Bauernhof in Techlowitz bei Mies als Deutschtschechen verlassen, während mein Vater die letzten Kriegsmonate in Frankreich in der deutschen Armee desertierte und sich dank guter französischer Freunde in Paris versteckt halten konnte. Am Ende des Kriegs geriet er in amerikanische Gefangenschaft, die er in einem Arbeitslager am Mississippi verbrachte.

Die Angst, entdeckt oder vergessen zu werden, und der Reflex zur Flucht blieben ihm ein Leben lang erhalten. All meine Beteuerungen, dass ich ihn nicht vergesse und gleich wieder bei ihm bin, werden von seiner Angst verdrängt. Ich bleibe ruhig und setze den Weg mit Mutter im Rollstuhl zum Auto fort. Dort angekommen, umarme ich sie, hebe sie fest umschlossen aus dem Rollstuhl, mache eine kleine Wende nach links und lasse sie sanft auf den Beifahrersitz sinken. Mein Vater hämmert inzwischen an der Haustür. Sie ist aus Glas. Ich werde dennoch nicht nervös. Wir sind gut versichert, auch gegen Vandalismus. Ich bleibe auf meine Mutter konzentriert, genau genommen auf ihre Beine, die keine Impulse mehr haben, den nächsten Schritt selbst zu tun. Sie warten darauf, ins Auto gehoben zu werden. Zuerst nehme ich ihr linkes, dann ihr rechtes Bein und stelle beide mit einer leichten Drehung auf die Fußmatte, sodass meine Mutter gerade und bequem sitzen kann. Ich befestige den Sicherheitsgurt und verstaue den Rollstuhl im Kofferraum. Mit technischem Gerät habe ich meine Mühe. Es dauert, bis eine meiner Gehirnzellen sich erbarmt und erinnert, wie das Klappsystem funktioniert.

Mein Vater ist inzwischen außer sich, und das nicht vor Freude. Er denkt, ich habe ihn bewusst weggesperrt, was der Realität entspricht. Schnell beruhigt er sich wieder, als ich ihn unterhake und mit ihm zum Auto gehe. Er weiß, jetzt geht es auch für ihn los. Er lächelt sogar und sagt »na endlich« und »das ist gut«. Wenn er sich freut, tauchen Wörter auf, die er sonst gar nicht mehr benutzt. Ich setze ihn auf den Rücksitz hinter meine Mutter und schnalle auch ihn fest. Das Wichtigste ist geschafft! Inzwischen sind allerdings fast 20 Minuten vergangen. Ich erinnere mich, wie ähnlich die Uhr tickte, als unsere Kinder noch klein waren.

An einem gemütlichen Gasthaus ein paar Dörfer weiter angekommen, geht die Verladeprozedur von vorne los. Ungerecht, wie ich bin, hole ich schon wieder zuerst meine Mutter aus dem Auto und bringe sie ins Lokal. Das ist hart für meinen Vater, der ein Leben lang immer der Erste war und sein musste. Jetzt kommt er als Zweiter an die Reihe. Wieder ist er völlig entrüstet, dass ich ihn nicht gleich abschnalle, sondern im Auto zurücklasse. Seine Gehirnzelle, wie der Sicherheitsgurt zu lösen ist, hat sich zu meinem Vorteil im Nichts aufgelöst. Und ich hüte mich, eine andere Zelle meines Vaters über die Abschnalltechnik neu zu informieren. Manche Zerstörung hat auch gute Seiten, geht es mir durch den Kopf, und ich denke an meine Mutter, als sie eines Tages zu mir sagte: »Joachim, die Krankheit von Vati hat auch einen Vorteil. Er kann nicht mehr streiten, weil ihm einfach die nötigen Worte nicht mehr einfallen.« Und sie ergänzte: »Manchmal versucht er noch, zu einem Streit anzusetzen, doch dann kommt nichts, und er lässt es sein und bringt seinen Unmut nur mit einer geringschätzigen Geste zum Ausdruck.«

Im Gasthaus bestellen wir als Vorspeise eine fränkische Leberknödelsuppe. Wir lieben dieses Gericht. Ich bin so in den Geschmack vertieft, dass ich nicht merke, dass mein Vater einen Knödel in die Hand nimmt und genüsslich verspeist, als wäre es das Normalste auf der Welt. Erst als er über die heiße Suppe schimpft, da er mit beiden Händen hineingreift, weiß ich, dass er mit dieser Aktion eine Pflegestufe höher geklettert ist. Stufe 3, was Endstufe bedeutet.

Was er sich einbrockt, kann er von nun an nicht mehr selbst auslöffeln. Doch nicht nur die Zelle, die für den Löffel zuständig war, auch die Nachbarzellen, die wissen sollen, was mein Vater mit Messer und Gabel zu tun hat, sind hiermit außer Kraft gesetzt. Das anschließend servierte

Schnitzel nimmt mein Vater ebenfalls in die Hand, völlig ungeniert. Dieses Verhalten in diesem guten Gasthaus ist so daneben, dass die Selbstverständlichkeit meines Vaters, mit bloßen Händen zu speisen, mir schon wieder Freude macht. Meiner Mutter ist die Situation höchst peinlich. Noch ein paar Mal sagt sie »Vati, Vati, das kannst du doch nicht machen«, aber an der neuen Pflegestufe gibt es nichts mehr zu rütteln. Die Gäste an den Nachbartischen versuchen, nichts zu sehen, müssen aber ständig hingucken.

Ich denke daran, den Amtsarzt, der für die Einschätzung der Pflegestufen zuständig ist, das nächste Mal um die Mittagszeit zu bestellen und Leberknödelsuppe zu servieren. Aber jetzt heißt es erst einmal liebevoll füttern, Löffel für Löffel. Bis wir beide fertig sind, ist meine Suppe kalt und seine in nicht geringem Maß auf dem Hemd gelandet. Zwar treffe ich mit dem Löffel seinen Mund, doch diesen öffnet er entweder zu spät oder schließt ihn zu früh, oder ich führe den Löffel zu weit ein und kippe die Flüssigkeit direkt in seine Speiseröhre, damit sie nicht über seine Unterlippe wieder herausschwappen kann. Das löst einen leichten Brechreiz aus, kleine Bröckchen fliegen über den Tisch. Wir haben noch keinen Rhythmus für das gemeinsame Speisen gefunden. Unsere Beziehung ist noch lange nicht intakt, und so kann ich auch beim Essen nicht im Takt mit ihm sein. Ich ahne, dass für mich eine weitere Trainingsstufe in der Disziplin »Geduld« begonnen hat, mit meinem Vater als Lehrmeister. Wie früher.

DIE TROTZPHASE oder jeder hat ein Recht auf Pubertät, egal, wie alt er ist

Freiheitsentzug

Freiheit ist eines der wichtigsten Wörter meines Vaters. Nicht nur der erste, jeder Buchstabe dieses Worts wird bei ihm groß geschrieben. Früher nutzte mein Vater jede Gelegenheit, das Haus zu verlassen und wegzufahren. Wenn zum Beispiel Beerenernte im Garten auf der Agenda meiner Mutter stand, teilte er schnell und pflichtbewusst seine drei Kinder zur Arbeit ein. Er selbst machte sich sodann flugs vom Acker. »Ich habe noch einen Termin in der Stadt« war seine Generalausrede, oder besser ausgedrückt, sie war die Ausrede des Generals, auf die schon alle warteten.

In seiner Krankheit nicht allein auf die Straße zu dürfen macht ihn fassungslos, und das mehrmals täglich. Das ist die Höchststrafe für ihn, der er mit allen Mitteln zu entgehen versucht. Seine Sinne sind von früh bis spät darauf ausgerichtet, ein Schlupfloch für seinen »Freigang« zu finden. Ist er erfolgreich, geht für mich die Suche los. Vielleicht müsste ich nur einen regionalen Radiosender auf Verkehrsnachrichten schalten und warten, ob ein Stau auf der Hauptstraße unseres Dorfs angesagt wird. Dann wüsste ich, mein Vater ist an der Spitze dieses Staus auf dem direkten Weg in sein Lieblingswirtshaus zu seinem Schülerstammtisch. Seine ehemaligen Schüler sind mit ihren 55 bis 60 Jahren bereits selbst betagt. Sie schätzen ihren alten Lehrer, der sie vor vielen Jahren unterrichtet und ihnen viel beigebracht hat, wie sie mir gegenüber immer wieder betonen, indem sie sagen, »dein Vater war noch ein richtig guter Lehrer«. Nach dem Krieg hatte er mit großem Engagement in der kleinen Dorfschule alle Jahrgänge in einer Klasse unterrichtet. Da er beim Singen eine unsichere Stimme hatte, lernte er sogar Geige spielen, damit die Schüler die Tonfolgen lernen konnten. Ich freue mich sehr über diese Wertschätzung meines Vaters und merke, wie schwer es mir im Unterschied zu seinen Schülern fällt, ihm liebevolle Anerkennung zu geben.

Es ist bemerkenswert, dass keiner der Schüler und Gäste dumme Sprüche über seine Verwirrung macht. Sie sprechen mit ihm, als könne er den Inhalt verstehen. Stets antwortet er mit einem kräftigen »ja, ja«, ein Zeichen, dass er sich verstanden und angenommen fühlt. Nur zu Hause ist er auf »nein, nein« geschaltet, besonders, wenn mein Pflegeeinsatz angesagt ist. Demente dementieren anscheinend kategorisch alles, was man von ihnen will. Jedenfalls kommt es mir so vor. Das Tagesziel meines Vaters ist immer gesteckt. Er will zu seinem Schülerstammtisch, und nichts kann ihn davon abbringen. Seine Zielstrebigkeit ist ihm auch in der Krankheit erhalten geblieben. Sie hat sogar an Stärke gewonnen.

Natürlich will ich, dass mein Vater zu seinem täglichen Schülertreffen geht, um seinen Tagesbedarf an Anerkennung tanken zu können. Doch der Schülerstammtisch ist nachmittags ab 17 Uhr und nicht früh um 5 Uhr, und auch nicht mittags um 12 Uhr oder gar nachts um 1 Uhr. Doch Zeit existiert für meinen Vater nicht mehr, seitdem er gerade hiervon genügend hat! Außer »nein« hat er zwei weitere Wörter zu seinen Lieblingswörtern erkoren: »Wann denn.« Aus seinem einstigen drohenden »Wenn – dann« (»Wenn du das nicht machst, dann setzt es etwas«) ist »Wann denn?« geworden. Es ist seine Standardantwort auf all meine Versuche, ihn auf später zu vertrösten. Meine Versprechen »Das machen wir gleich« oder Bitten »Warte doch noch einen Moment« hört er nicht. Sie sind für ihn nicht greifbar. Nur was jetzt und sofort ist, zählt, und das sind Taten. Er wiederholt sein »Wann denn?« so lange, bis ich endlich mit ihm aus dem Haus gehe. Manchmal bringe ich die Geduld auf und gehe mit ihm jetzt und sofort ins Wirtshaus, obwohl die Glocken der Kirchturmuhr erst zehn Mal schlagen. Er bedankt sich mit einem »Also«, ein Einwortsatz, der so viel bedeutet wie »Warum nicht gleich so!«. Ich denke, er soll sich in der Wirtschaft selbst überzeugen, dass noch kein Stammtisch ist. Die Kellnerin bringt ihm ein kleines Bier, und ich kann mir sicher sein, in einer Stunde hat er es ausgetrunken. Anschließend kehren wir nach Hause zurück. Das kleine Bier hat ihn jedoch nicht zufriedener und ruhiger gemacht, aber die Windeleinlage voller. So weiß ich, was ich als Nächstes tun muss.

Es kann sein, dass er schon eine Stunde später erneut in seinen »Wann-denn-Modus« fällt und losziehen möchte. Ich verkneife mir ein »Wenn – dann«: »Wenn du noch mehr drängelst, dann gehen wir überhaupt nicht mehr.« In solchen Situationen schließe ich manchmal mein altes Kinderzimmer von außen ab, damit er denkt, ich wäre drinnen. Auf der Suche nach mir steuert er natürlich zuerst dieses Zimmer an. Er steht dann vor der Tür und rüttelt und klopft und wiederholt, ohne müde zu werden, »Wann denn?«. In der Zwischenzeit bin ich in seinem Arbeitszimmer und mache in Ruhe meine wichtigen Telefonate.

Ding-Dong

Damit mein Vater nicht ausbrechen kann, habe ich alle Türen zur Freiheit verschlossen. Das Gartentor ist verriegelt, das Mäuerchen, über das er immer zu fliehen versucht, ist mit einem Extrazaun gesichert, kein Elektrozaun, kein Stacheldraht, keine Stolperschnur! Zusätzlich habe ich im Haus vor alle Türen zur Freiheit Fußmatten gelegt. Es sind Spezialmatten aus dem Baumarkt, geeignet für kleine

Ladengeschäfte. Sie sind mit einer unsichtbaren Klingel versehen, die ertönt, wenn ein Kunde den Laden betritt. Ich denke, dass es der Matte egal ist, ob ein Kunde oder mein Vater über sie geht oder auf ihr steht. Damit ich weiß, wo er sich im Haus aufhält, habe ich Matten mit unterschiedlichen Klingeltönen ausgelegt. Unser Haus ist sozusagen audioüberwacht. Ertönt ein helles »Ding-Ding«, weiß ich, dass er zum Hauptausgang hinauswill. Das etwas tiefer klingende »Dong-Dong« verrät mir, dass er auf dem Weg zum Kellerausgang ist zu seinem dort vermuteten BMW in der Garage. Das »Ding-Dong« zeigt mir, dass er an der Terrassentüre steht und in den Garten will zu den Goldfischen oder zum Gartentor, um über die Felder seiner Gefangenschaft zu entfliehen.

Wir haben jetzt ein musikalisches Haus. Nachts tauchen die Klingeltöne in meinen Träumen auf. Sie geben mir Sicherheit, denn solange sie ertönen, weiß ich, dass mein Vater im Haus ist. Gerade nachts ist er oft stundenlang unterwegs. Er läuft von oben nach unten und von unten nach oben. Wenn ich manchmal völlig ermattet vom Klingeln der Matten endlich aufstehe, finde ich meinen Vater meist selig schlafend in seinem Sessel im Wohnzimmer. Wie viele Kilometer er wohl Tag und Nacht im Haus zurücklegt? An Demenzkranken sollte man einen Kilometerzähler installieren, um den Pflegesatz mit Kilometergeld aufstocken zu können. Denn Pfleger sind mit ihren Patienten in Gedanken stets auf Wanderschaft durch das Haus, Tag und Nacht.

Der Ausbruch

Statt des Klingeltons einer Matte klingelt heute das Telefon. Der Bürgermeister, ein alter Schulfreund von mir, ist am anderen Ende. »Joachim, so geht das mit deinem Vater nicht weiter.« Ich frage ihn, was los ist. »Er ist schon wieder auf der Hauptstraße unterwegs«, erwidert er, »hinter ihm ein Stau, weil er unbedingt mitten auf der Straße laufen muss.«

Ich bin verwundert, denn vor einer Viertelstunde hatte ich Vater noch auf Wanderschaft im Haus gesehen. Später stellt sich heraus, dass die Batterien der einen Klingelmatte leer getrippelt waren. Er hatte sich wohl zu lange auf ihr aufgehalten. Ich antworte dem Bürgermeister: »Peter, damit du den Hintergrund besser verstehen kannst, mein Vater denkt, dass er in seinem BMW sitzt. Wie früher orientiert er sich am Mittelstreifen. Für Fußgänger und Fahrradfahrer ist das sicherer.« Dann schlage ich ihm vor: »Ihr vergebt doch die Nummernschilder auf der Gemeinde.«

Ein solches Nummernschild wäre für ihn und die anderen Verkehrsteilnehmer das Sicherste. Ich fahre fort: »Ihr solltet aber nicht vergessen, seine ASU regelmäßig zu prüfen.« Peter, wie immer wortkarg und sachlich, ignoriert meinen Witz. So mache ich mich Minuten später mit unserer jüngsten Tochter Joanina auf den Weg, um meinen Vater aus dem Verkehr zu ziehen. Am Tatort angekommen, sehen wir, wie sich einige Nachbarn bemühen, ihn von der Gefahr seines Tuns zu überzeugen. Vergeblich! Er fuchtelt mit den Armen und ruft unermüdlich »nein, nein, lass mich!«. Auch »lass mich« gehört zu seinem Überlebenswortschatz. Keiner wagt es, sich ihm zu nähern oder gar an ihm zu ziehen.

Sie wissen um die Kräfte, die er in solchen Momenten zu mobilisieren weiß. Meiner Tochter Joanina zugewandt,

sie ist gerade mal zehn Jahre alt, sage ich: »Hol bitte deinen Opa von der Straße, bevor Bürgermeister und Verkehr zusammenbrechen.« Sie geht zu ihm hin, nimmt seine Hand, er schaut sie an und lächelt, während sie ihm in ruhigem Ton vorschlägt: »Opa, auf dem Gehsteig ist es viel einfacher.« Mein Vater lässt sich mühelos von ihr von der Straße holen.

Alle Anwesenden staunen, wie einfach mein Vater auf den richtigen Weg zu bringen ist. Das stimmt mich sehr nachdenklich. Ich ahne, wie wichtig die innere Einstellung und gute Worte für die Pflege meines Vaters sind. Erst der richtige Satz ließ meinen Vater einen richtigen Satz von der Straße machen.

Medikamentenausgabe

Nur schwer kann mein Vater von mir etwas annehmen, Medizin schon gar nicht. Bei der Ausgabe der Medikamente verausgabe ich mich regelmäßig. Alle Beteuerungen, wie wichtig diese für sein Wohlergehen sind, interessieren ihn nicht. Er spürt, dass ich etwas von ihm will, und das genügt, in Widerstand zu gehen.

Wie jeden Tag reiche ich ihm auch heute seine morgendliche Tablettenration hoch dosierter Vitamine sowie das Tebonin zur Förderung der Durchblutung seines Gehirns und alles Mögliche mehr an Chemie, Homöopathie und Schüssler-Salzen, alle Register werden gezogen.

Mein Vater nimmt das Tablettenschälchen, geht zum Fenster und wirft es hinaus. Ich bin mir nicht sicher, aber ich glaube, einige Tabletten sind im Teich gelandet. Die armen Goldfische! Ich erinnere mich, wie es vor vielen Jahren zu einem Debakel im Teich gekommen war, als mein Vater den Rasen mit Blaukorn gedüngt hatte. Versehentlich war ein Teil der Körner ins Wasser gefallen. Bereits am nächsten Tag schwammen die Fische auf dem Rücken, aber nicht, um auch ihre Bäuche in der Sonne zu bräunen. Die Fische waren tot, der Rasen sprießte.

Ich bin es müde, meinen Vater jeden Tag zur Einnahme seiner Tabletten überreden zu müssen. Zum Glück sitzt heute meine Tochter Joanina mit am Tisch. Mit einem Seufzer mache ich eine neue Tagesration zurecht und sage zu ihr: »Gib du bitte deinem Opa seine Medizin, vielleicht nimmt er sie von dir.« Gesagt, getan, sie reicht ihm das Schälchen mit den Worten: »Opa, hier sind deine Tabletten«. Zu meinem Erstaunen wendet er sich ihr direkt zu und fragt sie: »Hast du auch schon?« Joanina antwortet »natürlich, Opa« – und Opa nimmt brav seine Tabletten. Mit einem kräftigen Schluck Wasser spült er sie hinunter. Ich denke, was mache ich morgen, wenn Joanina bei der Medikamentenvergabe nicht dabei ist? Vor allem bin ich verwundert, dass die liebevolle Einstellung der Enkelin zu ihrem Opa und die richtigen Worte auch in diesem Fall zu genügen scheinen, ihn zur Tabletteneinnahme zu bewegen.

Mein Vater scheint auf die Ungeduld in meiner Stimme, die sich offenbar nicht verbergen lässt, sofort mit

Widerstand zu reagieren. Ich bin mir sicher, dass ich ihm betont ruhig seine Medikamente angeboten hatte. Doch genau das betont Ruhige ließ ihn skeptisch werden. Sehr gut kann er zwischen einer echten und einer gespielten Einstellung unterscheiden. Das heißt, wollte ich es leichter haben, müsste ich meine Einstellung ändern und authentischer werden.

Ich erinnere mich an die Monate vor seiner Erkrankung oder besser gesagt an die Zeit, in der wir noch nicht wussten, dass er bereits an Demenz erkrankt war. Wenn meine Frau und ich mit unseren Kindern im Auto auf dem Weg zu meinen Eltern waren, mussten wir in der Regel von unterwegs aus mehrmals anrufen, um die neueste Verspätung bekannt zu geben. Zu viele Unterbrechungen waren nötig. Eine der drei Töchter musste entweder groß oder klein, oder einer war schlecht, oder eine brauchte etwas zu trinken. So ließen wir kaum eine Raststätte auf dem Weg von Eschwege nach Schweinfurt aus. Wenn ich dann bei meinen Eltern anrief, war in der Regel mein Vater am Telefon. Ich teilte mit, dass es etwas länger dauern würde. Doch meist verstand er mich nicht, und ich war sauer, weil ich dachte, dass er mich nicht verstehen wollte und vielleicht auch nicht konnte, weil vieles in meinem Leben schwer zu verstehen war – für ihn wie für mich. In solchen Momenten reichte ich das Handy meist an unsere älteste Tochter Viviane weiter. Mit Erstaunen musste ich feststellen, dass mein Vater sie sofort verstand. Die Verbindung zwischen Opa und Enkelinnen war einfach gut, und die Verbindung zwischen Vater und Sohn war weder einfach noch gut, sondern kompliziert und oft schlecht. Mit der Mobilverbindung hatte das gar nichts zu tun! Bevor wir den Telefonanbieter wechseln, sollten wir unsere innere Verbindung prüfen.

Doch Einstellungen lassen sich nicht wie hell und dunkel mit dem Lichtschalter ändern. So beginne ich zur Überbrückung, die Medikamenteneinnahme mit anderen Methoden zu sichern: Ich mache einen Ritz in Erdbeeren, Pflaumen und alle möglichen anderen Früchte, Hauptsache, sie sind saftig. Ich stopfe die Tabletten hinein. Mein Vater ist so voller Vorfreude auf den Gaumenschmaus, dass er kaum etwas merkt. Ab und an verzieht er leicht sein Gesicht, wenn sich kurz der bittere Geschmack der Medizin einstellt.

Meine Mutter weise ich an, von diesen Früchten nicht zu kosten. Sie ist von ihren eigenen Medikamenten schon genug belastet. Mein Plan geht auf. Alle sind zufrieden: meine Mutter, die Streit nicht aushält, der Arzt, der Widerreden nicht erträgt, der Apotheker, der Umsatz machen möchte, mein Vater, der gerne isst, und ich. An meiner Einstellung hat sich damit allerdings noch nichts geändert. Ich ahne nicht einmal, wie oft ich noch in alte Einstellungen zurückfallen werde und wie viel Zeit und Mühe es brauchen wird, mich gut und neu auf meinen Vater einzustellen. Meine besten Lehrmeister: die eigenen Töchter!

DIE BRAUNE PHASE oder banal anal

Die braune Phase verläuft bei Demenzkranken völlig unpolitisch!

Drei Haufen Probleme. Waschtag Nr. 1

Ich bin in meinem Zimmer mit Telefonieren beschäftigt, da höre ich die Klingel unter einer der Matten. An dem »Ding-Dong« erkenne ich, dass sich mein Vater an der Terrassentür befindet, und da es mehrmals »Ding-Dong« macht, weiß ich, dass er gerade trippelnd auf der Stelle tritt. Das macht er immer, wenn er einen größeren Schritt vorhat, in diesem Fall den Schritt hinaus in unseren Garten. Das ist seine Art, Anlauf zu nehmen.

Normalerweise ist jetzt mein Einsatz gefragt. Doch kann ich das Telefongespräch nicht einfach abbrechen, schließlich geht es um einen neuen Auftrag, und was soll ich dem Kunden am anderen Ende der Leitung sagen, dass ich als Coach gerade meinen schwierigsten Fall betreue? Also telefoniere ich zu Ende. Nach dem Auflegen gehe ich schnell die Treppe hinunter und sehe, wie mein Vater bereits aus dem Garten zurück ins Haus kommt. Er fasst mit beiden Händen in die Gardinen. Zunächst denke ich, dass er Halt sucht, um nicht zu stolpern. Doch die nächste Szene belehrt mich eines Besseren. Er reibt seine Hände an den Gardinen, und ich kapiere, dass er sie in Wirklichkeit sauber macht, nicht die Gardinen, sondern seine Hände, mit einer Selbstverständlichkeit, als hätten wir statt Vorhängen Handtücher oder Küchenrollen an den Fenstern hängen.

Das einstige Weiß der Gardinen ist jetzt von einem Braun überzogen. Es macht sich nicht gut und riecht komisch, und mir fällt es wie Schuppen von den Augen, er hat Stuhl, nicht in, sondern an den Händen, und im Garten war er nicht spazieren, sondern sein Geschäft machen. Ich hatte oben meine Geschäfte gemacht und er unten.

»Oh nein, Franz, das kannst du doch nicht machen!«, schimpfe ich. Doch Geschäft ist Geschäft, und diese sind wichtig, das müsste ich wissen, und so antwortet mein Vater stolz: »Mach du doch erst mal drei so große Haufen.« Ich muss laut lachen und antworte aus ganzem Herzen: »Franz, das hast du wirklich toll gemacht. Gleich drei Haufen, das würde ich nie schaffen.« Aus dem Fenster blickend sehe ich die Bescherung, drei Haufen auf der breit angelegten Außentoilette, die früher unsere Terrasse war, sind zu sehen. Vor den Augen der Nachbarn musste es passiert sein, ein sehr offener Umgang mit Geschäften. Was ich zu diesem Zeitpunkt noch nicht weiß: Das soll erst der Anfang der braunen Phase gewesen sein.

Duftkugeln. Waschtag Nr. 2

Als ich am nächsten Morgen aufwache, muss ich dringend zur Toilette, denn nachts bin ich zurückhaltend. Ich setze mich auf den Thron, so heißt das Klo, auf dem mein Vater schon immer Sitzung hielt und die Tageszeitung von Anfang bis Ende durchlas. Als Zweiter bekam mein Großvater die Zeitung. Auch er las sie von Anfang bis Ende. Nur war er der wirkliche Endverbraucher, denn nach dem Lesen faltete er Blatt für Blatt, schließlich handelte es sich um das *Schweinfurter Tagblatt*, zerriss jedes in kleine Rechtecke und spießte diese auf einen Nagel. Jetzt war es keine Zeitung mehr, sondern eine Scheißzeitung, eine Alternative zur Papiertonne.

Ich nehme auf der Kloschüssel Platz. Schlaftrunken entdecke ich auf der Spiegelablage am Waschbecken sauber aufgereiht kleine Kügelchen unterschiedlicher Größe, alle wohlgeformt. Ich denke an Murmeln und murmle so vor mich hin: »Da hat sich jemand richtig Mühe gegeben, aus Lehm schöne Kugeln zu machen.«

Als ich fertig bin, stehe ich auf, betrachte die Kügelchen näher, nehme eines in die Hand und muss sofort an die stinkenden Gardinen denken. Oh scheiße, das ist Scheiße. Vor Schreck lasse ich die Kugel ins Waschbecken kullern. Zum zweiten Mal bin ich auf diese Kacke reingefallen und fühle mich beschissen. Auf der Suche nach meinem Vater gehe ich zuerst ins Bad. Hier sitzt er auf einem Stuhl und schläft selig. Nur seine Hände verkünden Unseliges. Sofort gehe ich auf Gardinenkontrolle und weiß nach dem ersten prüfenden Blick, heute ist Waschtag, obwohl schon gestern Waschtag war. Ich ahne nicht, dass auch morgen Waschtag sein wird.

Als mein Vater endlich aufwacht, schimpfe ich mit ihm und deute auf seine Duftkugeln in der Hoffnung, er versteht, dass das nicht geht. Ich ernte Kopfschütteln. »Nein, nein, nein«, antwortet er. Hauptsache, du hast es kapiert, denke ich.

Stinkesocken. Waschtag Nr. 3

Am nächsten Morgen gehe ich sofort zur Toilette, keine Kugeln sind zu sehen. Ich gehe ins Bad. Auch hier keine Kugeln. Ich freue mich, dass mein Vater offensichtlich verstanden hat. Nach dem Frühstück wasche ich ihn und ziehe ihn Stück für Stück an. Als Letztes kommen die Socken an die Reihe. Mein Vater liebt edle Socken. Ich streife einen Socken aus Seide über seinen rechten Fuß. Doch dieser will nicht richtig sitzen. Irgendetwas hängt am Ende des Sockens fest. Also ziehe ich den Socken wieder aus, drehe ihn linksherum, und blitzschnell weiß ich, warum die Spiegelablage heute kugelfrei war. Mein Vater hat sich diesmal nicht auf die Socken gemacht, das wäre nichts Neues gewesen, sondern er hat sich in die Socken gemacht.

Aus stinkenden Gardinen sind stinkende Socken geworden, in welchen mein Vater seine Kugeln deponiert hatte, damit ich sie ihm nicht wieder wegnehmen kann. Sein gestriges »Nein, nein, nein« war wohl als Ausdruck der Missbilligung zu verstehen, weil ich die Kugeln aus seiner Sicht für mich behalten wollte. Ich brauche nicht zu erwähnen, wie die Gardinenkontrolle an diesem Morgen ausgegangen ist.

Das Schloss und Schluss mit Waschtag

Nach der Gardinenkontrolle und dem dritten Waschgang an diesem Tag nehme ich mir meinen Vater zur Brust. Ich mache ihm klar, dass diese Geschichte jetzt zu Ende ist. Beim Einkaufen im Supermarkt entdecke ich ein Zahlenschloss und freue mich über die beste Idee des Tages. Zu Hause nehme ich das Schloss, befestige es so am Hosengürtel meines Vaters, dass er seine Hose nicht mehr alleine aufbekommen kann. Die Kugelfabrik ist damit geschlossen, doch womit ich nicht gerechnet habe, der arbeitslose Fabrikdirektor wird böse und böser. Er bläst sich auf, als müsse er sich noch einmal in seiner ganzen Macht zeigen, während ich mich immer hilfloser fühle.

Ich versuche, meinen aufgeblasenen Vater zu beruhigen, doch meine Worte sind wie Luft, die er mehr und mehr in sich hineinpumpt. Für ihn zählen nur Taten. Doch zur Tat kann ich nicht schreiten, weil sein Bauch inzwischen so dick ist, dass ich die Zahlen des Schlosses nicht mehr bewegen kann. Das Zählwerk ist nicht mehr zu ertasten. Ohnedies will mir vor lauter Stress der Code nicht mehr einfallen. »Ogottogott«, denke ich, »gleich kommt der Pflegedienst von Mutter. Wenn der mich in dieser Situation sieht, was denkt der dann, was ich sonst noch mit meinem Vater anstelle, wenn der Tag lang ist?« Und in dieser Pflege sind alle Tage lang. Ich komme mir vor wie ein Pflegemonster.

Mein Vater kennt nur ein Interesse, Befreiung von dem Schloss. Also renne ich die Treppe hinunter, nehme die Kurve in den Keller, überspringe die Klingelmatte und suche nach einem Werkzeug. Mit einem Bolzenschneider kehre ich zurück. Der Pflegedienst ist zum Glück noch nicht in Sicht. Das Schneidewerkzeug würde ihn in Angst und Schrecken versetzen. Also beeile ich mich, indem ich meinen Vater mit dem linken Ellenbogen an die Wand drücke, um dann mit dem Bolzenschneider das Schloss durchzuzwicken.

Ich hätte sonst was erwischen können, das Ding ist sehr scharf, und ich bin wirklich kein guter Handwerker. Zum Glück erinnert sich mein Vater nicht an meine handwerklichen Fähigkeiten, sonst würde er vor Wut platzen. Ich erwische die richtige Stelle, und mit einem Knips ist das Schloss durch und schlägt auf den Boden. Mein Vater stößt ein dreifaches lang gezogenes »Jaaa« aus, wo er doch normalerweise nur ein bestimmendes »Nein« kennt.

Er ist sichtlich erleichtert und beruhigt. Da klingelt es an der Eingangstür. Der Pflegedienst meiner Mutter ist da. Was das Schloss auf dem Boden zu suchen hat, können sie so wenig erahnen, wie sie begreifen können, was der Bolzenschneider in meiner Hand soll. Ich habe vergessen, ihn zur Seite zu legen. Die Pflegerin meint noch: »Schön, wie Sie Ihren Vater begleiten.« Mein Vater kann zum Glück nicht antworten.

Die Zwangshose

Den Trick mit dem Zahlenschloss will ich nicht wiederholen, aber so weitergehen kann es auch nicht. Sechs Wochen braune Phase reichen mir voll und ganz. Hausarzt und selbst der Pflegedienst wissen keinen Rat, wie ich die braune Phase besser bewältigen könnte. Ich gebe nicht auf, fahre nach Schweinfurt, suche ein Sanitätsgeschäft auf und treffe auf eine Verkäuferin, die Bescheid weiß. Sie empfiehlt mir eine Art Zwangshose, die ähnlich funktioniert wie eine Zwangsjacke. Das gefällt mir. Die Windeleinlage wird mit einer richtigen Windel für Erwachsene ersetzt und darüber eine kurze Plastikhose gezogen, die hinten mit Bändern verschnürt werden kann. Da Demenzkranke diesen Verschluss nicht kennen, können sie ihn in der Regel auch nicht öffnen.

Mein Vater veranstaltet alle möglichen Kunststücke, um mit seinen Händen in die stramm anliegende Plastikhose zu gelangen. Er ist auf der Suche nach dem Rohstoff seines Spielzeugs, die kleinen Kugeln, um diese dann wieder fein säuberlich auf der Waschkonsole abzulegen. Er war schon immer ein sehr ordentlicher Mensch. Erstaunlich ist, dass ihn die Ressourcensperre nicht wütend macht. Schnell akzeptiert er den erzwungenen Verzicht auf sein Spielzeug, weil er mich nicht als Spielverderber ausmachen kann. Die braune Phase ist damit abgeschlossen, wer weiß, wie lange sie ohne Hilfsmittel gedauert hätte.

Für Vater die Zwangshose, für mich das Korsett

Seit dem ersten Tag der Pflege meiner Eltern sind Monate vergangen, gefühlt sind es Jahre. Mein Vater hat sich in sein Schicksal gefügt und vergessen, was durch den Zerfall seines Gehirns mit ihm passiert. Die Zellen, die ihn an sein Leid erinnern könnten, haben sich selbst zerstört. Ein seltsamer Segen.

Beim morgendlichen Waschen entdecke ich Flaum auf seinem Kopf. Seine Haare beginnen wieder zu sprießen. Die Haarzellen sind also informiert, dass er gut versorgt ist und das Leben weitergeht. Ein langes Leben prophezeite ihm der Hausarzt beim letzten Besuch. Seine Worte klingen noch in meinen Ohren. Demenzkranke würden Dank ihres ausgeprägten Selbsterhaltungstriebs meist sehr alt.

Stimmungsabhängige Diagnosen liebe ich. Noch vor einigen Wochen war die Einschätzung desselben Arztes eine andere. »Ihr Vater wird bald in seinem Sessel einschlafen.« »Das ist nichts Neues«, hatte ich eingeschoben, »und nicht mehr aufwachen«, ergänzte der Arzt, »sein Lebenswille ist gebrochen.«

Ich fühlte mich entlastet. Mein schlechtes Gewissen, das sich sofort meldete, brachte mir augenblicklich meine Schwere wieder zurück. So etwas darf ich nicht denken. Doch hat mich der Gedanke nicht gefragt.

Meinem Vater geht es also gut, und auch die Depressionen meiner Mutter haben nachgelassen. Allmählich können wir Antidepressiva und andere Blocker von ihrem Speiseplan streichen. Sie beginnt wieder, von ihrem Leben zu erzählen und vor allem alte Geschichten aus ihrer Kindheit auf Gut Heiligenthal, wo sie aufgewachsen ist, hervorzuholen. Meine Mutter lebt zumindest in ihrer Vergangenheit wieder auf.

Nur was ist mit mir? Vergangenheit ist vergangen, ich will Zukunft und frage mich: Gibt es ein Leben nach der Pflege? Oder wird mein Vater eines Tages mich pflegen, weil es ihm besser geht als mir? Ich merke, wie viel Energie es mich kostet, ihm und meiner Mutter den täglichen Halt zu geben, stündlich wiederkehrende Widerstände zu überwinden, gute Stimmung zu liefern und eine Atmosphäre der Genesung zu schaffen. Die tägliche Routine bringt mich von meiner eigenen Route ab. Mein Weg ist weg.

An zwei von sieben Tagen habe ich zuverlässige Frauen engagiert, die mich gut vertreten. Aber die Atmosphäre von Vertrauen und Stabilität können sie nicht im gewünschten Maß halten und auch meinen Humor und Optimismus nicht ersetzen. Wenn ich mich zu meinen Lieben nach Hessen aufmache, fragt meine Mutter, ob ich wirklich wiederkäme, und mein Vater folgt mir bis zur Tür, weil er meint, mitkommen zu können. Diese Abhängigkeit meiner Eltern tut mir im Herzen weh. Erholung finde ich in meinem Heimaturlaub nur schwer. Ich brauche einen guten Tag, um mich auf meine Frau und unsere Kinder wieder einstellen zu können. Die Eindrücke von den Tagen der Pflege wirken lange nach, und wenn sie abklingen, packe ich schon wieder für die nächste Pflegerunde bei meinen Eltern.

Während diese anfangen aufzuleben, beginne ich, na prima, einzugehen wie eine Primel. Geistig. Körperlich gehe ich auf wie ein Hefekloß. Meine Lieblingsspeise. Besonders mein Bauch ist gespannt, wie es weitergeht. Prall und proll fühlt sich mein Leben an, und schwer. Die Antidepressiva meiner Mutter rücken in Sichtweite. Für den Hausarzt hieße das dasselbe Rezept, ein anderer Adressat. In den fünf Tagen der Pflege fehlt mir meine eigene Familie, meine energiegeladene Frau, die mich inspiriert, meine Kinder, die ich so gerne in meiner Nähe weiß. Ihre jugendliche Frische tut mir gut und gibt mir den Sinn des Lebens zurück. Auch fehlt mir mein Beruf. Nichts ruft mehr. Das Kundentelefon steht still, kaum noch Anfragen per Mail. Durch die Konzentration auf meine Eltern bin ich nicht mehr in Resonanz zu meinen Kunden und diese nicht mehr zu mir. Abends im Fernsehen höre ich einen Song, der mich wieder zum Lachen bringt. »Kein Schwein ruft mich an. Keine Sau interessiert sich für mich. Solange ich hier wohn, ist es fast wie Hohn, schweigt das Telefon«, klagen Max Raabe und sein Palast-Orchester.

Als Pfleger bin ich nicht geboren, als Pfleger möchte ich auch nicht enden. Den Höhepunkt meiner Pflegerkarriere habe ich gerade überschritten. Letztlich fehlt mir die Süße des Lebens; es fühlt sich an wie ein großes Loch, das ich mit Klößen und Süßspeisen stopfe, um nicht ins Nichts zu fallen, vor allem abends, wenn meine Mutter schläft und das Wohnzimmer mit Schnorchelgeräuschen erfüllt, während mein Vater treppauf, treppab unermüdlich durch die Nacht zieht. Erschöpft falle ich allabendlich in den Schlaf, träume schwer, wache oft auf, höre meinen Vater und weiß, dass es zumindest bei ihm gut läuft.

Auch die Dauerentzündung meines Zahnfleischs bekomme ich nicht in den Griff. Für ein Leben als Pfleger kann ich mich auf Dauer nicht entzünden. Wie oft habe ich gesagt, »da geh ich auf dem Zahnfleisch«? Sehr oft. Die Folge wird mir bewusst. Ich fühle mich instabil. Meine Zähne wackeln und fallen mir aus. Termine außerhalb des Hauses habe ich vorwiegend beim Zahnarzt und im Zahnlabor. Der Zahnarzt, ein guter Freund meines Vaters, erzählt mir immer wieder, wie gut Franzens Zähne sind. »Arbeitslos würden wir alle«, erklärt er, »wenn alle so gute Zähne hätten wie er.« Ich beiße mir die Zähne aus. »Mit den Zweiten beißt es sich besser«, versuche ich mich aufzuheitern. Wenn ich dann früh die Zähne meines Vaters putze, der mit seinen Anfang 80 keine einzige Plombe im Mund hat, denke ich, was für ein kräftiger Kerl, was für ein Gebiss! Das hätte ich vor der Pflege begutachten sollen, wie ein Pferdehändler einem Gaul ins Maul schaut, bevor er ihn kauft. Aber meinen Vater habe ich ja geschenkt bekommen.

Die Dauerbelastung geht mir auch auf die Hüften. Ich watschle wie eine Ente. Mit den schlechten Zähnen habe ich auch die Dysplasie meiner Mutter geerbt. »Du hast zu viel auf den Hüften«, würde meine Frau sagen, weshalb ich sie nicht frage. Meine Mutter ist da direkter. Im Alter hat man nichts mehr zu verlieren. Als wir kürzlich Besuch von meiner Cousine hatten, meinte die zu mir, »du bist etwas vollständiger geworden«.

»Dick wolltest du sagen«, verbesserte ich. Worauf meine Mutter den Vogel abschoss, indem sie sagte: »Nein,

Joachim, du bist nicht dick.« Kleine Pause. »Du bist fett!«
Hörbar geht es ihr besser. Mir geht es fühlbar schlechter.

Im Haus meiner Eltern beginne ich, der freiheitsliebende Wassermann, mich wie ein Gefangener zu fühlen.
Nachts kehrt ein alter Albtraum zu mir zurück, ein Traum,
der mich nach dem Tod meines Bruders Peter vor fast 20
Jahren immer wieder bis zum Aufwachen quälte. Die Vorgeschichte: Peter hatte sich ohne medizinischen Entzug
von seiner Alkoholsucht und endlich auch vom Elternhaus
befreit, in das er nach Abbruch seines Studiums und der
Pleite seiner Tankstelle gebrochen zurückgekehrt war. Voller Hoffnung machte er sich auf nach Spanien, um Anna,
seine große Liebe, nach Deutschland zu holen. Dort angekommen, erfuhr er, dass sie ermordet worden war! Wieder zu Hause, stürzte er erneut in Trostlosigkeit und nahm
seine Gefangenschaft mit meinen Eltern und dem Alkohol wieder auf. Wenige Wochen später nahm er sich das
Leben.

Im Traum treffen wir uns heute noch nachts in seiner
Werkstatt im Keller. Stundenlang räumen wir zusammen
sein Leben auf. Endlos. Erfolglos. Jede Nacht aufs Neue
fahren wir fort, Maschinen und Werkzeuge, Schrauben
und Nägel, Lacke und Farben zu sortieren, damit endlich
alles seinen Platz hat. Früh bin ich gerädert und platt von
den Mühen der Nacht.

Mein Leben fühlt sich an, als hätte ich mich mit meiner Entscheidung, meine Eltern zu pflegen, in einer unlösbaren Aufgabe selbst gefangen genommen. Erstmals bitte ich vor dem Einschlafen den Himmel, mir ein Zeichen zu schicken für Lösungen und mehr Leichtigkeit in meinem Leben.

Um Himmels willen

In dieser Nacht falle ich in einen tiefen und guten Schlaf. Ich träume, mit geschlossenen Augen sehen zu können. Das ist immer ein erhebendes Gefühl, ein Zeichen, dass es nicht mehr darum geht, wie ich die Dinge sehe, sondern wie die Dinge sind, die sich tief in meinem Innern zeigen. Diese Art zu träumen macht mich genauso glücklich wie Träume, in denen ich hüpfend fliege, immer höher, bis ich schließlich über den Häusern und Feldern schwebe – und erkenne, was wesentlich ist.

Es ist früher Nachmittag mitten im Sommer. Die Eltern sind eingeschlafen, meine Mutter in ihrem Pflegebett vor dem Panoramafenster im Wohnzimmer, mein Vater in seinem Lieblingssessel, der vor ihrem Bett steht. Meine Tochter Catalina ist zu Besuch. Wir nutzen die Pause und fahren in die nahe Stadt. Zunächst holen wir aus einem Imbiss zwei kleine Pizzen, einmal vegetarisch, einmal tierisch. Bevor wir sie an einem See in der Nähe verspeisen wollen, fahren wir noch zum Tanken. Ich bezahle, steige wieder ins Auto und blicke durch das offene Verdeck.

Der Himmel ist strahlend blau und wolkenlos, bis auf eine kleine, bauschige, weiße Wolke, die ich direkt über uns entdecke. »Schau mal, Catalina«, sage ich, »die ist nur für uns.« Sie lupft ihren Kopfhörer, und ich wiederhole: »Schau mal, die weiße Wolke, das ist unsere Wolke.« Catalina freut sich, lacht und verschwindet wieder unter ihrem Kopfhörer. Ich fahre los und biege auf die Hauptstraße Richtung Bergrheinfeld. Nach ein paar Kilometern blicke ich durch das Verdeck erneut nach oben. Um Himmels willen, die einzige Wolke weit und breit ist immer noch über uns, obwohl wir fahren! »Cati«, rufe ich, »die Wolke!«

In ihrer Welt der Musik hört sie nichts anderes, folgt aber meinem Zeigefinger mit Blick nach oben, reißt den Kopfhörer herunter und ruft staunend, fast schon hysterisch: »Mein Gott, wir werden verfolgt, wir werden verfolgt!« »Nein, Catalina, die Wolke begleitet uns«, sage ich und fahre fort: »Ich habe eine Idee: Ich gebe jetzt Vollgas, und wir schauen, was die Wolke dann macht.« Gesagt, getan, ich beschleunige auf fast 100 km/h, 50 sind erlaubt, aber wir sind ja zu zweit. Was passiert? Die Wolke zieht sich lang, sichtlich bemüht, die hohe Geschwindigkeit zu halten. Der hintere Teil von ihr kommt kaum nach, er scheint zu zögern, wohlwissend, dass es auch am Himmel Blitzer gibt. Das Schauspiel fasziniert uns.

Ich bin so überwältigt, dass ich zu meinem Handy greife, um das Wunder mit meinen Lieben zu Hause teilen zu können. Viviane, unsere Älteste, ist am Telefon. Zusammen mit Joanina sieht sie gerade ein Video. Obwohl wir aufgeregt erzählen, kommen wir mit unserer Wolkengeschichte nicht an. Sie finden ihren Film spannender und wollen nicht gestört werden. So lege ich wieder auf.

Am Dorfschild angekommen, bremse ich auf ordentliche 50 km/h herunter und halte an der Kreuzung bei der Kirche, weil die Ampel rot ist. Die Wolke stoppt ebenfalls. Wieder steht sie direkt über uns. Ich sage: »Cati, pass mal auf, wenn die Ampel gleich auf Grün schaltet, biege ich schnell nach links. Mal sehen, was die Wolke dann macht.« Die Ampel gibt grünes Licht, ich blinke rechts und biege nach links ab. Die Wolke lässt sich nicht beirren und folgt uns auf dem Weg zum Baggersee bei Grafenrheinfeld. Dort steigen wir aus dem Auto aus. Wo die Wolke jetzt steht, muss ich nicht wiederholen.

»Papa, das ist meine Wolke«, sagt Catalina. »Nein, sicher nicht, das ist meine«, entgegne ich, »denn ich habe um ein Zeichen gebeten.« Ich erzähle ihr, wie verzweifelt ich vor dem Einschlafen war, weil ich nicht weiterwusste, und dass ich um Lösung und mehr Leichtigkeit gebeten hatte. »Aber lass uns Folgendes machen«, schlage ich vor. »Ich gehe jetzt nach links und du nach rechts, und wenn wir ganz weit auseinander sind, wird die Wolke verraten, zu wem sie steht.«

Als wir gute 100 Meter voneinander entfernt sind, juchzt Cati: »Meine Wolke, meine Wolke, sie ist über mir, Papa!« Gleichzeitig, zu meinem Erstaunen, sehe ich die Wolke auch über mir. Wir laufen wieder aufeinander zu und sind beide sehr glücklich. Ich spüre, wie begleitet wir vom Himmel sind. Eine gewöhnliche Wolke kann so etwas nicht. Da bin ich mir sicher.

Im Schutz der Wolke, jetzt ist es wieder nur eine, genießen wir unsere Pizzen, einmal vegetarisch, einmal tierisch. Anschließend machen wir uns auf den Weg zu meinen Eltern. Unsere Wolke folgt uns bis zum Ziel. Ich fahre in die Garage, während die Wolke schräg über der Kiefer im Garten in niedriger Höhe parkt. Catalina und ich bestaunen sie und erzählen uns Geschichten aus unserem wundervollen Leben.

Spät in der Nacht gehe ich nochmals auf den Balkon und freue mich über die Wolke, die weiter über uns wacht. Ich frage sie, warum sie nicht direkt, sondern schräg über dem Garten steht. Im Traum erhalte ich die Antwort. Würde sie direkt über dem Haus sein, wäre die Energie für meine Eltern zu stark. Zu viel Tiefes könnte zu schnell belichtet werden.

Mein Wecker klingelt, ich stehe auf und gehe sofort auf den Balkon, um nach unserer Wolke zu sehen. Der Himmel ist strahlend blau und diesmal wirklich wolkenlos. Der Parkplatz schräg über der Kiefer ist frei. Ich bin sehr glücklich. Meine Schwere ist verschwunden. Schöne Gedanken kommen mir in den Sinn. Vom Bahndamm her höre ich einen vorbeifahrenden Zug. Wie oft bin ich in den letzten Wochen in Gedanken aufgesprungen, um als blinder Passagier in die Freiheit zu verschwinden. Heute lasse ich einen Zug nach dem anderen vorbeifahren und freue mich auf den Alltag, auf einen neuen Tag im All.

KRANKHEIT ALS WEG ZUR HEILUNG

Am Anfang der Pflege drohte mein Hausarzt: »Ihre Eltern pflegen, zweimal Pflegestufe 3, das schaffen Sie nicht!« Erklärend fügte er hinzu: »Gerade mit Ihrem Vater wird es von Tag zu Tag schlechter. In ein paar Wochen wird er nicht einmal mehr laufen können, weil sein Gleichgewichtssinn gestört ist. Und Zellen, die ausfallen, können sich nicht mehr regenerieren.« Er musste noch den abschließenden Satz hinzufügen: »Finden Sie sich damit ab!«

Wieder bietet mir der Arzt an, meinen Vater zumindest medikamentös einzustellen. Nochmals erkläre ich ihm, dass die Einstellung, die ich meine, in erster Linie mich selbst betrifft und nicht in Spritzenform erhältlich sei. Ich denke an meinen ersten Flyer als Coach, in dem ich geschrieben hatte: »Coaching ist nicht ohne Nebenwirkungen. Fragen Sie nicht Ihren Arzt und nicht Ihren Apotheker. Lernen Sie, sich selbst infrage zu stellen!«

Dennoch fressen sich die fatalen Sätze des Arztes in mein Gehirn und ätzen. Sie nehmen mir Mut und drohen, meine Motivation zu zerstören. Ich will nicht zulassen, dass seine Sätze sich in mir entfalten, und beginne, ein

Tagebuch zu schreiben. Ich lenke meine Aufmerksamkeit auf alle schönen und guten Momente, besonders aber auf alle Momente der Heilung meines Vaters, und notiere, was ganz werden darf bei ihm. Dieses Tagebuch besteht wie bei Wassermännern üblich aus einzelnen Zetteln, die sich zu ganzen Geschichten zusammenfügen lassen, insofern ich mich nicht verzettle, was bei Wassermännern dank ihrer hohen Kreativität ebenfalls üblich ist.

Das Ladekabel

Stärker als alle negativen Prophezeiungen bleibt das Erlebnis mit der Wolke. Die Erinnerung genügt, und schon fühle ich mich beschützt und von höheren Mächten begleitet. Ein paar Tage danach habe ich eine gute Begegnung mit einer Physiotherapeutin. Sie erzählt mir von der Möglichkeit, dass das Halten der Hände den Patienten beruhigt. Um intensiver mit meinem Vater in Kontakt zu kommen, nehme ich meine nach oben geöffneten Hände überkreuz, sodass meine rechte mit seiner rechten und meine linke mit seiner linken Hand in Berührung kommen. Seine Hände ruhen in meinen. Mit meinen beiden Daumen umschließe ich die seinen.

Die Arme sind sozusagen das Ladekabel, mit dem ich meinen Vater in Schwung bringe oder bei Überladung beruhige. Nach 20 bis 30 Sekunden spüre ich meinen oder seinen Puls in meinen beiden Daumen, wobei ganz egal ist, wem welcher Puls gehört. Ich weiß, jetzt ist der Ladevorgang erfolgreich abgeschlossen. Die einzige Voraussetzung, die es braucht, ist Ruhe und Liebe. Je ruhiger und liebevoller ich während der Energieübertragung an ihn denke, desto schneller tankt er auf oder beruhigt er sich. Ist er beispielsweise wütend, kommt er auf diese Weise sehr schnell wieder herunter. Sein Puls gleicht sich meinem an. Wenn er abwesend wirkt, hole ich ihn so zurück in die Gegenwart. Mit seinen Händen begreift er, dass ich bei ihm bin. Diese Einfachheit und Leichtigkeit macht mich glücklich.

So funktioniert das also mit der richtigen Einstellung. Gleich nach dem Ladevorgang sage ich dann: »Lass uns aufstehen und ins Bad gehen.« Fast immer ernte ich ein »Ja« oder »gut«. Er folgt dem Impuls, steht auf, und wir beide gehen Hand in Hand die Treppe hinauf und ins Bad. Das Schöne an dieser Methode ist, dass ich das Ladekabel immer bei mir trage und die gute Einstellung in mir ist. Ausreden sind zwecklos. Wo sollte ich denn mein Ladekabel liegen gelassen haben? Im Bett?

Windrad und Goldfischteich

Mein Vater geht hinaus in den Garten. Am Rasen neben der Hecke macht er halt und beobachtet ein buntes Windrad. Es ist ein ganz einfaches Plastikteil, das in der Erde steckt. Ich hatte es vor einiger Zeit auf einem Jahrmarkt an einer Losbude gewonnen, Marktwert zwei Euro. Der Wind ist heute stark, sodass sich das Rad in hoher Geschwindigkeit dreht und das Flattern der Plastikrosetten zu hören ist.

Wie romantisch! Mein Vater steht staunend davor. »Wie sie es nur machen«, wiederholt er immer wieder. Er taucht ganz ein in dieses Windspiel und steckt mich mit seiner großen Freude an diesem kleinen Wunder an.

Ich denke an unsere Kinder, als sie gerade einmal laufen konnten. Oft waren es Kleinigkeiten, die ihnen große Freude machten. Die Fallschirme der Pusteblumen, die über die Wiese flogen, oder die winzigen Samenkörner, die aus ihren kleinen Bettchen in den Schoten purzelten, wenn ich diese mit dem Fingernagel aufklappte. Es sind Kleinigkeiten, an denen wir Erwachsene oft achtlos vorübergehen, während wir auf Großes warten.

Erst als sich der Wind ein wenig gelegt hat, setzt mein Vater seinen morgendlichen Spaziergang durch den Garten fort. Ein paar Meter weiter ist ein kleiner Teich. Ein Maschendraht ist darübergespannt, damit mein Vater nicht ertrinken kann, sollte er einmal das Gleichgewicht verlieren und ins Wasser fallen. Erstaunlicherweise ist er immer gut in Balance, wenn er am Goldfischteich steht und manchmal eine Stunde lang die Fische beobachtet. Ich glaube, früher wusste er nicht einmal, dass wir Goldfische hatten, so sehr war er mit seiner Karriere beschäftigt.

Am Beckenrand steht ein Glas mit Haferflocken. Diese verreibt mein Vater in der Hand und streut sie ins Wasser. Die dicken Goldfische machen Schnalzer und schnappen sofort nach ihren Frühstückchen. Das macht meinen Vater glücklich. Er spricht mit den Fischen wie mit besten Freunden, die er morgens, mittags und abends und manchmal, wenn es ihm in den Sinn kommt, auch zwischendurch noch ein paarmal besucht. Immer bringt er als Gastgeschenk etwas zu essen mit. Dank der Dauerfütterung sind die Goldfische inzwischen dick und fett und wirken viel zu groß für den kleinen Teich.

Eines anderen Morgens steht Vater am Panoramafenster unseres Wohnzimmers und schaut hinaus in den Garten zum Teich. »Nein, nein!«, ruft er ganz aufgeregt, als sich ein Fischreiher in die Tiefe stürzt, auf dem Maschendraht sitzend einen Goldfisch schnappt und mit diesem davonfliegt. Das ist der Nachteil von weitmaschigem Draht über Wasserbecken. Das heutige Frühstück geht für den fliegenden Fisch nicht gut aus. Die anderen Fische wissen zu diesem Zeitpunkt noch nicht, dass auch sie fliegen werden. Jedenfalls ist eines Tages der Teich goldfischfrei. Mein Vater steht davor, erkennt die Tragik und weint, sehr lange. Er ist untröstlich, denn seine dicken Freunde sind für immer verschwunden.

Die Verzweiflung meines Vaters kann ich schwer aushalten. Noch am selben Tag fahre ich mit ihm in die Stadt. Wir gehen in eine Zoohandlung, ich kaufe ihm neue Goldfische. Er sieht teilnahmslos zu, als ich mit dem Zeigefinger auf eines der goldigen Fischlein im Plastikbeutel stupse. Zu Hause angekommen, hake ich meinen Vater unter und nehme ihn mit zum Teich. Dort ritze ich den Beutel mit einem Messer auf und lasse die Fische mit dem kleinen Wasserfall in den Teich plumpsen. Mein Vater steht regungslos neben mir. All das interessiert ihn nicht. Mit diesen

Fischen ist er nicht befreundet und will das auch künftig nicht sein. In seiner Welt haben sie keine Bedeutung. Auch die nächsten Tage und Wochen zieht es ihn nicht mehr zum Teich. Nur am Windrädchen macht er weiterhin staunend halt und freut sich über das kleine große Wunder, das sich dreht und dreht.

Um das Interesse meines Vaters neu zu wecken, nehme ich ihn am nächsten Tag mit in die Stadt. Diesmal hat es mir in der Zoohandlung ein Wasserfrosch angetan. Das kurze »ja, ja« meines Vaters werte ich als Zustimmung, und schon ist er gekauft. Ein hübscher kleiner Frosch mit großen Augen. Zu Hause nehme ich meinen Vater an die Hand, und wieder gehe ich mit ihm zum Teich. Dort öffne ich die kleine Schachtel mit dem Frosch darin, nehme diesen heraus und setze ihn auf meine Hand. Er bleibt regungslos sitzen, als wäre er aus Plastik. Vergeblich ermuntere ich den Frosch, ins Wasser zu springen, und meinen Vater, sich zu freuen. Beide stellen sich tot.

Damit überhaupt etwas passiert, setze ich den Frosch an den Beckenrand. Weiterhin verharrt er in seiner Stellung. Also gebe ich ihm einen kleinen Schubs, er plumpst ins Wasser und geht unter. Mein Vater läuft gelangweilt weiter. Tagelang ist nichts mehr von dem Frosch zu sehen. Ich komme schon ins Grübeln, ob Wasserfrösche ertrinken können. Doch eines frühen Morgens entdecke ich ihn auf dem Maschendraht. Er hat einen kleinen zappelnden Goldfisch im Maul. Ich freue mich, dass der Frosch nicht ertrunken ist, und wundere mich nicht mehr, dass kaum noch Goldfische zu sehen sind. Entweder sind diese damit beschäftigt, sich vor dem Frosch zu verstecken, oder sie wurden bereits von ihm gefressen. Doch egal, weder Frosch noch Fische wecken das Interesse meines Vaters.

Das Schauspiel endet damit, dass Wochen später ein dicker Frosch auf dem Maschendraht des Teichs sitzt. Sicher kann er nur noch mit Mühe durch die Maschen des Drahtgeflechts hindurchschlüpfen. Kein Goldfisch ist mehr zu sehen. Ich taste mit einem Stecken im trüben Wasser. Der Teich ist nicht nur überfischt, nein, er ist komplett leer gefressen. Am nächsten Tag ist auch der Frosch verschwunden, ebenfalls für immer. Wahrscheinlich hat er sich auf die Suche nach einem neuen Teich begeben oder er ist dem Fischreiher zwar nicht als Frühstück, aber als Mittagessen zum Opfer gefallen, denn zum Frühstück sollen wir bekanntlich nur ein Stück essen. Ich bewundere die Geschäftsidee der Zoohandlung, demselben Kunden Goldfische als Futter für einen nimmersatten Frosch zu verkaufen.

Neue Freunde

Nach dem tragischen Tod der Goldfische findet mein Vater dann doch schnell neue Freunde. Ich bin erstaunt, als er sich eines Tages den Zimmerpflanzen zuwendet. Wir haben sehr viele im Haus. Meine Mutter hatte immer eine glückliche Hand mit Pflanzen. Seit sie gar nicht mehr laufen kann, sind auch sie in Mitleidenschaft gezogen.

»Ich muss noch meine Kinder gießen«, sagt mein Vater mehrmals täglich. Ich fühle mich nicht zurückgesetzt, sondern dankbar, dass er mich beim Gießen auslässt. Wenn der Impuls »Kinder gießen« kommt, steht mein Vater auf, nimmt eine kleine Gießkanne, die in der Küche immer schon mit Wasser gefüllt bereitsteht. Dann läuft er durchs Haus und versorgt seine Kinder und den Parkettboden mit reichlich Wasser. Er ist sehr pflichtbewusst, so, wie er als Vater, Lehrer und später Schulamtsdirektor immer bemüht war, pflichtbewusst zu handeln. Zur Enttäuschung des Fischreihers schwimmen jetzt statt Goldfische im Teich Zimmerpflanzen im Wohnzimmer in ihren Töpfen. Jede Reispflanze hätte sich über die Wassermenge gefreut. Zuweilen unterstütze ich Pflanzen und Parkettboden bei der Entwässerung. Das ist in Ordnung für mich. Ich habe es gerne, wenn sich mein Vater sinnvoll beschäftigt.

Sein Lieblingskind ist eine Art Philodendron mit einem Blatt so groß wie ein Elefantenohr. Als kleinen Sprössling hatte ihm ein Kollege die Pflanze von einer Amerikareise mitgebracht. Aus dem Spross war dann ein Baum geworden, mit zweieinhalb Metern Höhe und weit ins Zimmer reichenden Armen und vielen großen Ohren. Bald besaß er nur noch das eine große Ohr. Alle anderen Blätter waren verdorrt oder abgefallen, weil unsere Putzfrau in diesem Philodendron keine Pflanze, sondern einen Staubfänger sah. Zur Arbeitserleichterung hatte sie ihn fast verdursten lassen. Meine Mutter, die diese Pflanze auch sehr liebt, wagte nicht, der dominanten Putzfrau zu widersprechen.

Es ist erstaunlich, dass sich mein Vater nach dem grausamen Tod der Goldfische an seinen Lieblingsbaum erinnert. Dank seiner guten Pflege beginnen Wochen später viele neue Blätter zu sprießen. Er spricht mit ihnen wie mit kleinen Kindern, »da habt ihr zu trinken« und »reicht das?«. Oder er fragt besorgt »noch mehr?«, »gut?« und gibt sich immer selbst die Antwort: »genug!«, »morgen wieder!«

Zuwendung

Die Zimmerpflanzen geben meinem Vater Halt, und der Philodendron mit dem Elefantenohr bekommt Halt durch meinen Vater. Er ist auch meiner Mutter sehr zugewandt. Sie sitzt tagein, tagaus in ihrem Rollstuhl. Bis zu seiner Erkrankung hatte er sie sehr liebevoll gepflegt. Ab und an erinnert er sich wieder an seine Pflegepflicht, steht auf und schiebt meine Mutter zur Toilette. Ich sehe das und frage: »Musst du zur Toilette, Mama?« Sie antwortet mit schwacher Stimme: »Nein, ich muss nicht.« Doch meinen Vater interessiert das nicht. Er schiebt sie einfach weiter Richtung Flurtoilette. »Warum sagst du ihm nicht, dass du gar nicht musst?«, rufe ich ihr hinterher. »Er hört doch sowieso nicht auf mich«, antwortet sie resigniert.

Ich lache laut los und überlasse beide ihren Rollen, Helfer und Opfer in Aktion. In Persönlichkeitstrainings erkläre ich das Helfersyndrom, indem ich unter anderem die Geschichte erzähle, wie ein Helfer eine alte Frau über die

Straße bringt, obwohl diese gar nicht hinüberwill. Aber der Helfer erfährt nicht, dass nur er über die Straße wollte. Was nun die beiden auf der Toilette machen, entzieht sich meiner Kenntnis. Ob dann meine Mutter so tut, als ob sie muss und sich anschließend bei meinem Vater bedankt? Ich habe nicht nachgefragt. Nach fast einer Viertelstunde kommen beide von ihrer Reise zur Toilette zurück, und alle sind wir zufrieden.

Unsere Esskultur

Pünktlich um 12:30 Uhr gibt es Mittagessen. Ich koche gerne für meine Eltern, und es schmeckt ihnen. Sie loben meine kreativ gewürzten Gerichte. Meine Mutter zeigt das, indem sie direkt sagt, wie gut es ihr wieder schmeckt, mein Vater, indem er alles aufisst, was ich ihm auf den Teller lade, oder besser gesagt, indem er seinen Mund weit öffnet, wenn ich ihn füttere. Er kaut gut und lange, bevor er die zu Brei gewordenen Happen hinunterschluckt. Früher hat er immer wieder betont, wie wichtig es ist, die Nahrung gut zu kauen. Das ist logisch, denn schließlich haben wir im Magen keine Zähne.

Ab und an höre ich ein kräftiges »Ja« von meinem Vater, das heißt: Nachschlag. Schmeckt es ihm nicht, spuckt er die Essensstücke in seine Hand und prüft erst einmal, was ich ihm hier unterschieben möchte. Im Restaurant kommt das besonders gut. Die Freundlichkeit so mancher

Kellner, wenn wir drei das Restaurant betreten, hat in letzter Zeit etwas nachgelassen.

Mein Großvater, der Vater meines Vaters, hatte das ähnlich gemacht, allerdings heimlich. In hohem Alter mochte er kaum noch Fleisch essen. Wenn es ihm zuwider war, er es aber bereits im Mund hatte, dann fuhr er mit einer Hand zum Mund, spuckte das Stück hinein und versteckte es in seiner Hosentasche. Alle bemerkten den Taschenspielertrick. Irgendwann mochte er überhaupt kein Fleisch mehr. Als Vegetarier konnte er sich nicht outen. Vor 40 Jahren wusste nämlich mit diesem Begriff in Deutschland noch kaum jemand etwas anzufangen. Statt meiner Mutter, seiner Schwiegertochter, beim Austeilen des Essens einfach zu sagen, dass er kein Fleisch mehr möchte, zerschnitt er seine Portion in Stücke, tat so, als ob er sie essen wolle, um diese dann wie geübt Stück für Stück in seiner Hosentasche verschwinden zu lassen. In dieser hatte er ein Taschentuch ausgebreitet, damit seine Hose sauber blieb.

Alle am Tisch wussten von dieser Aktion, doch niemand sagte etwas, und mein Opa wusste nicht, dass wir es alle wussten. Nach dem Essen brachte er seine Fleischportion sofort zur Toilette. Alle am Tisch warteten auf das Rauschen der Spülung. Erleichterung machte sich breit, als das Fleisch endlich auf dem Weg in die Kanalisation war.

Nein zu sagen ist eine große Kunst. Mein Opa wollte meine Mutter nicht verletzen, weil sie seine Ablehnung hätte persönlich nehmen können, und meine Mutter wollte meinen Opa nicht verletzen, indem sie das peinliche Fleischversteckspiel offengelegt hätte. Die direkte Art meines Vaters mutet wie ein Entwicklungsschritt in den Generationen an. Doch hat er sie seiner Demenzerkrankung zu verdanken. Dennoch hat sie einen heilenden und erleichternden Effekt für alle, natürlich nur für alle, die sich erleichtern möchten. Viele können mit dieser Art nicht gut umgehen.

Doch mein Vater darf jetzt endlich ablehnen, was er partout nicht möchte. In seiner Kindheit war das ein absolutes Tabu. Und im Lauf der Pflege bricht er ein Tabu nach dem anderen. Heilung ist in vollem Gang. In dieser Zeit präge ich den Satz: Jeder hat das Recht auf Pubertät, egal, wie alt er ist. Das hilft mir, nicht zu blockieren, wenn mein Vater einen Pubertätsschub hat. Ich lerne, seine Widerstände nicht nur leichter zu nehmen, sondern ihm manchmal sogar zu helfen, sie zu überwinden.

Der segensreiche Besuch von Hochwürden

Genau zur Mittagszeit klingelt es heute an der Tür. Vom Küchenfenster aus sehe ich den Pfarrer an der Pforte zu seinem Himmelsreich stehen. Ich kenne ihn, er erscheint immer pünktlich zum Essen an unserer Haustür. Er ahnt, wo es um welche Uhrzeit etwas für seinen Geschmack gibt. Sicher weiß er, wo freitags Fisch aufgetischt wird, denn an diesem Tag sollen die Katholiken bekanntlich kein Fleisch essen. Früher war das eine Todsünde. So schafft sich der Pfarrer sein eigenes Paradies auf Erden, indem er mittags bei seinen Gläubigen anklopft, im guten Glauben, für seinen guten Segen gutes Essen zu bekommen. Er ist pensioniert und bessert seine Pension mit Naturalien auf. Wie er das mit dem Frühstück, dem Nachmittagskaffee und dem Abendessen handhabt, entzieht sich meiner Kenntnis. Ich bin schon froh, dass er nicht abends klingelt, um bei uns zu schlafen. So könnte er auch noch zum Nulltarif wohnen, wie im Paradies.

Der Pfarrer begrüßt meinen Vater mit einem tiefen Bückling. Hochwürden spricht ihn mit »Hochgeschätzter« an. Das beeindruckt meinen Vater in keiner Weise. »Nein!«, sagt er mehrmals und sogar: »Was wollen Sie?« Der Tisch ist frisch gedeckt, meine Mutter wartet auf das Startzeichen zum Essen, doch mein Vater macht keinerlei Anstalten, sich wieder zu setzen. Er hat Hochwürden durchschaut und will partout keinen Mitesser. Doch auch der Pfarrer bleibt ungerührt vom unerwarteten Widerstand, der ihm hier geboten wird.

Früher schließlich wurde Hochwürden zwar nicht mit Hochfreuden empfangen, aber nach allen Regeln des Anstands noch als Gast behandelt und verköstigt. Sein Ziel hatte er also immer erreicht. Doch jetzt wird aus dem einstigen Krampf Kampf, und wir dürfen erleben, wie ein weggelassener Buchstabe die Welt verändern kann. Zunächst überwindet der ausschließlich auf Essen eingestellte Pfarrer den ersten Schock, indem er zielgerichtet fragt, ob er das Tischgebet sprechen dürfe. »Nein, nein«, blockt mein Vater ab. Doch schon fängt Hochwürden zu beten an, und nicht nur das. Er singt sein Gebet – in heiligem Latein – und in einer derart selbstgefälligen Art, dass mein Vater fast ausrastet. Er äfft ihn nach, mit noch kräftigerer Stimme und in überzogenem Tonfall. Doch Hochwürden macht einfach weiter, und meine Mutter hofft immer noch auf das baldige Startsignal zum Essensbeginn.

Ich hatte nicht erwartet, einen so aufregenden Pflegetag erleben zu dürfen. Auf dem Höhepunkt der filmreifen Szene und angesteckt von der Direktheit meines Vaters teile ich dem Pfarrer mit, dass das heute nichts wird mit dem Mitessen. Ihm zugewandt sage ich: »Außerdem reichen die Nürnberger Würstchen gerade für meine Eltern. Mein Vater dreht durch, wenn ich ihm ein Würstchen vom Teller nehme und es Ihnen gebe. Das könnte Ihr letztes Würstchen werden.« Dann bitte ich ihn, »rufen Sie nächstens an, bevor Sie zu Besuch kommen«. Und, um die Situation zu beenden, sage ich bestimmt, »ich begleite Sie gerne zur Pforte und hinaus«. Der Pfarrer versteht endlich, dass Mitesser hier keine Chance mehr haben, und geht mit einem lauten »Wiedersehen und gelobt sei Jesus Christus«. Ich verbessere ihn: »Wiederhören, Sie sollten doch anrufen, bevor Sie uns wieder beehren, Hochwürden.«

Vor lauter Aufregung hat mein Vater in die Hose gemacht, Großes. Es stört ihn, und er will verduften im wahrsten Sinn des Wortes. Ich folge ihm. Als Nächstes gilt es nun, den unheiligen Stuhl zu entfernen. Die anderen Würste, die kleinen Nürnberger, müssen also immer noch warten, zusammen mit meiner Mutter, die sich so auf sie freut.

Tage später klingelt das Telefon. Ein alter Kollege meines Vaters ist am Apparat. Er erzählt mir, dass der Pfarrer sich bei ihm über mein Verhalten beschwert hat. Ganz nebenbei erfahre ich, dass er dort öfter zum Abendmahl erscheint. Wie aber Hochwürden das mit dem Frühstück hält, bleibt uns weiterhin verborgen.

Der große Plan

In der Zeit bei meinen Eltern denke ich sehr viel an meine Lieben in Hessen. Der Gedanke reift, mit einem großen Tabu zu brechen und unser Elternhaus zu verkaufen. Gerne möchte ich wie in einer Großfamilie mit drei Generationen zusammenleben. Ich bin ein Familienmensch durch und durch.

Wie es der Zufall will, lernen meine Frau und ich bei einer Vernissage in Eschwege einen Gutsverwalter kennen. Dieser hat eine alte Staatsdomäne bei Sontra, die neu vermietet werden soll. Schon am nächsten Tag sehen wir uns den Gutshof an. Er ist wunderschön gelegen, mit Wald und vor allem Weiden für unsere drei Pferde. Drei Töchter, drei Pferde – logisch. Wir schlafen eine Nacht darüber, rufen am nächsten Morgen den Verwalter an und sagen zu. Am selben Tag schließen wir den Pachtvertrag. Schon sechs Wochen später soll der Umzug in unser neues Domizil sein. Bis dahin gibt es noch viel zu tun, besonders im Parterre, denn dort soll eine behindertengerechte Wohnung für meine Eltern entstehen. Gleichzeitig gilt es, mein Elternhaus zu verkaufen.

Schon auf die erste Annonce meldet sich ein Interessent, der sich mit seiner Familie im Raum Schweinfurt niederlassen möchte. Das Kernkraftwerk in Grafenrheinfeld stört ihn nicht groß, obwohl es sehr groß ist. Schließlich kann er auch in die andere Richtung gucken. Da ist ein exponiertes Grundstück mit Blick auf Felder, Wiesen und den Wald. Das reizt und überzeugt ihn und seine Frau. Wir finden uns sympathisch und werden uns erstaunlich schnell einig. Alles läuft wie am Schnürchen. In zwei Monaten soll auch dieser Umzug über die Bühne gehen. Meine Mutter nickt, aber das würde sie auch, wenn sie nicht einverstanden wäre. Es fällt ihr sicher schwer, ihre gewohnte Umgebung und die guten Nachbarn verlassen zu müssen. Wenn wir früher auf Reisen gingen, sagte sie immer, wenn wir nur abends wieder zu Hause sein könnten. Da mein Vater die Italienische Riviera liebte, konnte er ihr diesen Wunsch nicht erfüllen. Wie schwer musste es jetzt für sie sein, dem lieb gewordenen Ort für immer Adieu zu sagen!

Helga

Seit einem Dreivierteljahr lebe ich nun schon in beruflicher Abstinenz und bekomme allmählich Entzugserscheinungen. Erste Anzeichen sind Gefühle von Unwichtigkeit, Sinnlosigkeit und ein Konto im Soll, was leider kein Gefühl, sondern Realität ist. Die Lösung besteht darin, dass ich in naher Zukunft erneut als Coach mein Geld verdienen *soll*, damit wir wieder mehr auf dem Konto *haben*. Zum »großen Plan« gehört deshalb auch, eine Pflegekraft für meine Eltern zu finden, die bei uns auf dem Gutshof wohnen und meine Pflegearbeit übernehmen wird. Ich knüpfe Kontakt zu einem Vermittler, der über ein gutes Netzwerk ungarischer Pflegekräfte verfügt. Meine Eltern lieben die Herzlichkeit der Ungarn. Ein guter Freund unserer Familie stammt dorther. Wie oft haben sie von seiner warmherzigen Art erzählt. Besonders meine Mutter schwärmt vom Charme dieser Menschen.

Bereits eine Woche später kommt eine ungarische Pflegekraft zum Vorstellungsgespräch zu meinen Eltern. Sie heißt Helga, ist liebevoll und resolut – eine ganz besondere Mischung für meinen ganz besonderen Vater. Zudem ist sie gut gebaut. Mit ihrem Volumen kann sie der Wichtigkeit meines Vaters einiges entgegensetzen. An ihr wird er nicht vorbeikommen. Alles in allem hat sie das Flair einer Pflegedomina mit Herz, genau das, was mein Vater braucht. Sie nimmt seine Hand, kommt mit ihrem Gesicht ganz nahe an das seine, als müsse sie in ihn hineinsprechen, damit keine Silbe verloren geht. Es ist, als würden sich die beiden schon lange kennen. Er antwortet mit »ja«, »gut«, »ich weiß« und erklärt sich auf diese Weise mit der neuen Pflegekraft einverstanden. Helga besiegelt den Vertrag mit Handschlag, indem sie die Hand meines Vaters in die ihre legt und wohlgeborgen hält, um sie mit ihrer anderen Hand liebevoll zu streicheln. Sie hat also alle Hände voll zu tun.

Wenn er nicht am Leiden ist, mag mein Vater körperliche Nähe und als Direktor a. D. natürlich alles Direkte. Auch meine Mutter ist von Helga sehr angetan. Für sie sind Sicherheit und Führung das Wichtigste, und das kann ihr Helga auf jeden Fall bieten. Außerdem spricht sie gutes Deutsch mit charmantem ungarischem Akzent. Sehr schnell klären wir die Modalitäten. Gleich nach unserem Umzug in den Gutshof wird Helga bei uns wohnen und mit der Pflege beginnen.

Sperrmüll, Sperrmüll

Die nächsten Wochen siebe ich aus, was meine Eltern nicht mehr brauchen, und miste aus, was schon mindestens zwei Generationen zu lange in Keller und Speicher gestopft war, aus Angst vor dem nächsten Krieg und der nächsten Not. Der Mangelgedanke hatte besonders meine Großeltern in der Mangel und auch meine Eltern an der Angel. Verständlich, schließlich haben sie zwei Weltkriege überlebt, und viele ihrer Zellen blieben danach auf Not geschaltet.

Ich entdecke Uraltmatratzen, in denen nicht einmal mehr Mäuse wohnen wollten; dunkle Bettgestelle, die zu ächzen scheinen, auch wenn niemand darin liegt; blechernes Kochgeschirr, in dem mein Großvater, der Polier war, sein Mittagessen verwahrte; verrostete Nägel, bei deren

Anblick ich an Tetanusimpfung denken muss; Großmutters Zahnprothese, die nach ihrem Tod aufgehoben wurde, als könne sie noch irgendjemandem nützlich sein; Federbetten, die so schwer sind, dass ich Beklemmung bekomme bei der Vorstellung, mich mit ihnen zuzudecken ... und vieles, vieles mehr, das vor allem den Großeltern gehörte, die beide lange tot sind. Endlich gibt es auch eine Befreiung von den Stilmöbeln aus den 30er-Jahren, die bei Antikhändlern als Hitlerbarock verschrien sind: klobig, klotzig, kitschig und schwer wie deutsche Geschichte, und das nicht nur vom Gewicht, auch vom Flair des dunkel gebeizten Holzes. Drei Termine mit je 25 Meter Sperrmüll, mehr ist nicht erlaubt, genügen, und der Haushalt meiner Eltern ist um mindestens 50 Prozent abgespeckt. Zwei freie Speicher, ein freier Keller, was für eine Erleichterung, sogar das Haus atmet auf.

Genauso aufwendig ist das Entsorgen des Altpapiers in diesem Haus. Wochenlang sortiere ich aus und stopfe die Papiercontainer der Region voll mit Lehrbüchern, Didaktikkonzepten und Uraltnotizen meines Vaters. Alles hat er aufgehoben, selbst seine ersten Reden als Dorfschulmeister nach dem Zweiten Weltkrieg sind archiviert. Auf der Suche nach Verwertbarem stoße ich sogar auf drei Barschecks der Versicherung für diverse Sturm- und Wasserschäden. Die Vierwochenfrist zur Gutschrift ist großzügig überschritten, denn der älteste Scheck hätte vor drei Jahren eingelöst werden sollen. Genauso großzügig zeigt sich die Versicherung, indem sie dennoch fast 1000 Euro auf das

Konto meines Vaters überweist, nachdem ich den Hintergrund der verspäteten Einreichung erklärt habe. Ich erkenne, wie früh die Zellen, die auf das Einlösen von Schecks spezialisiert waren, gelöscht wurden. Als ich meinem Vater die Schecks gezeigt hatte, erfolgte keine Reaktion.

Was wäre, würden sich die Menschen eines Tages nicht mehr an die Bedeutung des Geldes erinnern und die Scheine als Lesezeichen benutzen oder sich damit den Po abwischen. Was für eine Entlastung für unsere Gehirne! Wir hätten Zeit für das, was wirklich wesentlich ist, so, wie mein Vater jetzt Zeit hat für seine emotionale Entwicklung, wenn auch gezwungenermaßen.

Fanny

Vor dem Umzug will ich meinen Vater mit einem besonderen Ausflug beglücken. Wir fahren zu Tante Fanny, seiner fast zehn Jahre älteren Schwester. Eigentlich war sie es, die ihn großgezogen hat, da seine Eltern mit der Arbeit in der Landwirtschaft genug zu tun hatten. Fanny lebt in einem Altenheim bei Hersbruck. Ich bin gespannt, was passiert, wenn Bruder und Schwester sich nach langer Zeit wieder begegnen.

Als wir das Zimmer meiner Tante betreten, steht sie etwas aufgeregt und unsicher an ihrem Bett. Sie kommt mir ein paar Schritte entgegen, und wir umarmen uns. Mein Vater steht ihr kurz gegenüber, will dann aber weitergehen.

Bevor das geschieht, nimmt meine Tante seine Hand. Er guckt verwirrt, weil er nicht weiß, was sie mit seiner Hand vorhat. Er zieht sie zurück, geht zum Stuhl in der Ecke und setzt sich teilnahmslos an den Tisch. Ich lasse Tante Fanny und meinen Vater alleine. Beide sitzen sich gegenüber und schweigen. Auch meine Tante wirkt jetzt verwirrt. Nach einer Viertelstunde befreie ich beide schließlich aus der beklemmenden Situation. Ich wechsle noch ein paar Worte mit Tante Fanny, umarme sie zum Abschied, und dann machen wir uns wieder auf den Nachhauseweg. Ich bin traurig, dass Bruder und Schwester nichts mehr miteinander anzufangen wissen. Meinem Vater aber geht es gut. Er wirkt zufrieden, weil es wieder auf Achse geht. Das gefällt ihm.

Der Umzug

Die Kartons sind gepackt, der riesengroße Lkw ist bestellt. Ein technisch versierter junger Mann aus dem Dorf wird ihn fahren. Viele Helfer zum Einpacken sind organisiert, damit alles schnell über die Bühne gehen kann. Um meinem Vater den Schock zu ersparen und meine Mutter nicht Kiste für Kiste Abschied nehmen zu lassen, fahre ich vor dem Einpacken mit meinen Eltern ein letztes Mal zum Rudloff, ihrem Stammlokal in Bergrheinfeld, zum Essen. Ich habe mir vorgenommen, danach die Mainschleife bei Volkach gemütlich entlangzufahren. Meine Mutter kann so von ihrer alten Heimat Abschied nehmen. Gleichzeitig wird hoffentlich mein Plan aufgehen, dass die neue Wohnung meiner Eltern schon eingerichtet ist, wenn ich mit ihnen auf dem Gutshof eintreffe. Meine Mutter dreht sich nicht einmal mehr um, als wir aus dem Haus gehen. Sie will es wirklich hinter sich lassen und zeigt sich sehr dankbar, was ich alles für sie mache. Mein Vater ahnt nicht, dass er sein Reich nie mehr wiedersehen wird, und das ist auch gut so.

Als wir nachmittags auf dem Gutshof ankommen, sehe ich einen Lkw mit leerem Laderaum. Die Wohnung ist bereits bestens hergerichtet, sie hat ein ähnliches Flair wie im Haus in Bergrheinfeld. Meine Frau, unsere drei Kinder und Helga empfangen meine Eltern sehr herzlich. Helga schiebt meine Mutter im Rollstuhl durch einen Seiteneingang in ihr neues Domizil. Ich führe meinen Vater eine alte Steintreppe hinauf zur Eingangstür. Er wirkt sichtlich verunsichert. Ich beruhige ihn, damit er gar nicht auf die Idee kommt, bockig zu werden. Im Wohnzimmer erkennt er sofort seinen Lieblingssessel, lässt sich in ihm nieder und schläft ein.

Als er wieder aufwacht, führe ich ihn ins Schlafzimmer, das direkt neben dem Wohnzimmer liegt. Hier steht, wie in Bergrheinfeld, das Pflegebett meiner Mutter am Fenster, damit sie hinaus in die Natur sehen kann. Sie wendet sich meinem Vater zu, als wir ins Zimmer kommen. Gegenüber von ihrem Bett ist das meines Vaters platziert. In der Nähe meiner Mutter wirkt er sehr zufrieden. Ich helfe ihm, sich hinzulegen, und will ihm, bevor auch seine Beine unter der Bettdecke verschwinden, die Schuhe ausziehen. Da ist Schluss mit lustig für ihn. Er wehrt sich, tritt mit den Füßen, und so lasse ich ihn mit Schuhen schlafen.

Nachtasyl

Helga gibt sich ganz der Pflege meiner Eltern hin. Besonders meinem Vater ist sie sehr zugetan, und er genießt ihre Zuwendung. Nichts ist ihr zu viel. Niemals wird sie sauer, wenn er etwas störrisch ist, und immer ist sie für ihn da. In der Nacht beginnt die Wanderschaft meines Vaters in Rich-

tung Helgas Zimmer, das genau neben dem Schlafzimmer meiner Eltern gelegen ist, und dort endet sie meist auch. Nachts um zwei oder drei Uhr, viel später als in Bergrheinfeld, beginnt er hier immer auf Trebe zu gehen. Er rüttelt als Erstes an Helgas Tür, sie öffnet ihm, begrüßt ihn herzlich und macht ihm ein Marmeladenbrot. Nicht selten legt er sich dann zufrieden in ihr Bett. Helga stört das nicht. Lachend erzählt sie mir, wie sie ihn gewähren lässt, wie gut es ihm tue, und dass im Bett schließlich Platz genug für zwei sei. Diese kurze nächtliche Tour wird zu einem Ritual. Das Nonstop-durch-die-Nacht-Ziehen meines Vaters ist zu Ende. Mit Helga, die ganz für ihn da ist, findet er seine Ruhe.

Das Comeback meines Vaters

Mein Vater beginnt in den Folgemonaten für alle erkennbar, auf seine Art zu genesen. Helga ist ein wesentlicher Schlüssel für seine Entwicklung und tut ihm richtig gut. Sie versteht ihn und vermittelt ihm das Gefühl, ganz angenommen zu sein. Vor allem kann sie ihm körperlich nahe sein. Die Liebe und Geborgenheit, die mein Vater mit seinen Eltern nie hautnah erleben konnte, darf er jetzt durch sie und mit ihr nachholen. Auch seine Kindheit als Sudetendeutscher in Tschechien installierte in ihm das Gefühl, fremd und nicht willkommen zu sein. In den letzten Jahren vor seiner Erkrankung erzählte er öfter, wie schlecht Deutsche in Tschechien behandelt, ja, dass sie sogar drangsaliert wurden. Mit dem kleinen Bauernhof konnte die Familie mit viel Arbeit das Notwendige erwirtschaften und mit viel Mühe überleben. Er musste immer die Gänse hüten, ein Trauma, von dem er sich scheinbar bis ins hohe Alter nicht erholte – für ihn war diese Arbeit ein Symbol der Erniedrigung. Dann kam die Vertreibung der Eltern und seine Gefangenschaft am Ende des Kriegs, und nach Rückkehr in die neue Heimat das Gefühl, als Deutschtscheche auch in Deutschland ein Fremdkörper zu sein.

Das wenige, das den Menschen in diesen Zeiten der Not zur Verfügung stand, auch noch mit Fremden teilen zu müssen löste bei den Alteingesessenen Existenzangst und Widerstände aus. Zum Aufstiegswillen meines Vaters, wie er bei den Heimatvertriebenen oft stark ausgeprägt war, kam noch der Neid der anderen hinzu, die nicht so viel Initiative entwickelten und nicht so viel Erfolg hatten.

Das Zusammenleben in der Großfamilie tut ihm sichtlich gut. Besonders sind ihm seine Enkelinnen ans Herz gewachsen. Täglich kommen sie Großvater und Großmutter besuchen. Manchmal nehmen sie ihn an die Hand, um mit ihm einen kleinen Spaziergang durch den Garten zu machen. Wir lachen viel, vor allem, wenn wir ab und an zusammen am Mittagstisch sitzen. Gerne lacht mein Vater mit. Nach vielen düsteren Tagen mit finsteren Blicken wird sein Gesicht wieder offener und wirkt manchmal sogar heiter. Zuweilen entdecke ich ein Strahlen, das ich bei ihm noch nie gesehen habe. Im Kreis der Familie fühlt er sich aufgehoben.

Eines Tages kommt ihm ein Satz über die Lippen, der nicht aus dem Überlebensrepertoire eines Demenzkranken stammen kann: »Schön ist es hier.« Und eines Mittags beginnt er sogar, das für ihn zurechtgemachte Fingerfood mit der Gabel zu essen. Alle staunen, mir fällt die Kinnlade herunter und fast das Besteck aus der Hand.

Auch zum Verspeisen der Suppe greift er Tage später zum Löffel. Dem Gefühl, im Kreis der Familie geborgen und angenommen zu sein, folgt scheinbar automatisch sein Wunsch, es uns gleichzumachen und so wie wir alle zu essen. Seine Zellen beginnen, wieder frisch und munter zu lernen, ungeachtet der in Stein gemeißelten Erkenntnis der Ärzte, dass Zellentwicklung bei dieser Demenzerkrankung und vor allem in diesem Stadium gar nicht möglich ist.

Wir genießen Helgas Küche, ihre Palatschinken und andere schwere ungarische Köstlichkeiten. Immer wieder versichert sie, dass das alles nicht dick machen würde. Ihre Figur kann mich nicht überzeugen, doch ihr wunderbarer Familienname verleitet mich, an die Leichtigkeit ihrer Speisen zu glauben. Sie heißt Flieg.

Was bleibt, ist das Schlafen mit Schuhen, zumindest die Hausschlappen sind nachts von seinen Füßen nicht mehr wegzubekommen. Beim Zubettgehen dürfen sie nicht berührt werden, ohne von ihm ein vehementes »Nein« zu ernten. Scheinbar benötigt er sie für den Fall, dass er losziehen muss, ein Reflex, den demenzkranke Heimatvertriebene vielleicht besonders stark haben.

Das Comeback des zweiten Rings

Eines Morgens entdecke ich am Ringfinger meines Vaters einen zweiten Ehering. Sicher war er nicht als Vorsorge gedacht, falls das Original verloren ginge. Ich frage mich, wie er an die Hand meines Vaters kommt und wo er ihn die ganze Zeit liegen hatte. Ihn brauche ich nicht zu fragen, und abnehmen und nachsehen, mit welchen Initialen er versehen ist, möchte ich nicht. Allerdings weiß ich von der Existenz seiner Zweitfrau Eva-Maria. Mit ihr hat er seit Jahren ein Verhältnis. Viele wissen davon, auch meine Mutter. Mehrmals sprach sie ihn darauf an, aber immer redete er sich heraus.

Meine Mutter litt sehr darunter, weil sie wusste, dass er sich mehrmals im Jahr mit Eva-Maria auf Sylt traf. Eines Tages entdeckte ich ältere Fotos von meinem Vater in einem Album, das er auf seinem Schreibtisch vergessen hatte. Auf den Bildern war er zusammen mit Eva-Maria und drei kleinen Kindern zu sehen. Es war für mich sehr befremdlich, meinen Vater mit fremden Kindern auf dem Schoß zu erkennen, auch wenn er wahrscheinlich nicht der Zeuger war. Es machte den Eindruck einer Parallelfamilie. »Respekt«, dachte ich – ich hatte mit einer Familie alle Hände voll zu tun.

Vor einigen Jahren, bevor bei meinem Vater Demenz diagnostiziert worden war, konnte ich es mir nicht verkneifen, ihn mit einem Besuch auf Sylt zu überraschen. Mir war es wichtig, meinem Vater peinlich. Ich lernte Eva-Maria kennen, eine attraktive und patente Frau, gut zehn Jahre jünger als er. Sie erzählte mir, als wir alleine waren, dass sich mein Vater in letzter Zeit sehr verändert habe. Bei Kleinigkeiten wäre er tagelang beleidigt wie ein Kind, und sie berichtete, dass er manchmal sehr orientierungslos wirke.

Mein Comeback

In der Pflege brauche ich Helga nur zu unterstützen, wenn zum Beispiel meine Eltern gleichzeitig zur Toilette müssen oder wenn ich merke, dass sie zu viel zu tun hat. Um Hilfe bittet sie mich nur im Notfall. Ansonsten beginne ich alte Kundenkontakte zu reanimieren, was sich als mühselig erweist. Um nicht auf Warten geschaltet zu sein und meine Zeit gut zu nutzen, beginne ich wieder mit dem Schreiben von Texten und Konzepten zur Persönlichkeitsentwicklung. Diese sind die Basis für mein Coaching. Ich arbeite an dem Manuskript zu meinem zweiten Buch über die Bedeutung der Sprache in der Entwicklung unserer Persönlichkeit. »Du bist, was du sagst« wird es heißen. Mein guter Kollege und Freund Klaus übernimmt die Rolle des Koautors, damit ich mich in meiner Welt der vielen Ideen nicht verliere. Er hält die Struktur, deren Bedeutung mir immer bewusster wird.

Auch in der Pflege meiner Eltern war und bin ich gezwungen, mich in Rhythmus und Struktur zu trainieren und in Einfachheit und Konkretisierung zu üben, Aspekte, die mir bis dahin fast gänzlich fremd waren. Sie bringen mich in eine gute Balance, lassen mich meine Mitte spüren, führen zur Klarheit beim Schreiben und letztlich zur Umsetzung meiner Ideen. Ich erkenne Wesentliches jetzt viel schneller, vor allem komme ich auf den Punkt. Früher glaubte ich, das Drei- und Vierfache schreiben zu müssen. Aus Angst, nicht verstanden zu werden, erklärte ich Wichtiges von links nach rechts und von rechts nach links, ich wiederholte mich ständig mit immer neuen Formulierungen, sodass mir das Kreisen meiner Gedanken im Hamsterrad selbst nicht auffiel.

Jetzt merke ich, dass das liebevolle und klare Verhältnis zu meinen Eltern und meine gute Position in der Familie mich klarer denken und schreiben lassen. Mit der richtigen Ordnung im Familiensystem fühle ich mich gut geortet. Viele Modelle zur Bedeutung unserer Einstellung zum Leben, unseres Denkens und der Kraft der Sprache in der Entstehung der Wirklichkeit konnte ich im Lauf der letzten Monate gedanklich entwickeln, in der Praxis erproben und jetzt mühelos zu Papier bringen. Die Früchte meiner dienenden Arbeit in der eigenen Familie ernte ich jetzt beim Schreiben.

Das Comeback des Finanzamts

Das Finanzamt hatte ich ganz vergessen. Come back, von hinten, und plötzlich ist es da. Die Aufforderung zu einer Einkommensteuernachzahlung kommt zum ungünstigen Zeitpunkt meines beruflichen Wiedereinstiegs. Genau genommen kommen solche Nachzahlungsbegehren immer ungünstig. Auf Ratenzahlung will sich der Sachbearbeiter nicht einlassen. Sofort soll das Geld bezahlt werden, und viel Geld, denn mit der Steuer wird es teuer. Vor allem will das Finanzamt Geld, das ich nicht habe. Das letzte Jahr hat meine Konten sehr belastet. Als ich vor Wochen zu meinem Berater der Sparkasse zitiert wurde und er die Kontobewegungen auf dem Bildschirm hochgeladen hatte, meinte er: »Oh, ich weiß, von wem Sie leben. Sie leben von uns.« Zum Glück zeigte er Verständnis für meine Situation im Gegensatz zum Amt der Finanzen, das auf mein Schreiben mit Bitte um Ratenzahlung kühl antwortete: »Für private Angelegenheiten sind wir nicht zuständig. Zahlen Sie unverzüglich, sonst müssen wir zwangsvollstrecken ...« Das Mittelalter lebt, die Streckbank macht mir dennoch keine Angst. Im Notmanagement geübt, ziehe ich die Begleichung meiner Steuerschulden mithilfe meines Steuerberaters so hinaus, dass ich letztlich doch häppchenweise bezahlen kann.

Das Geheimnis

Heute geht es meinem Vater gar nicht gut. Er wirkt deprimiert und eingeschlossen in seiner Vergangenheit. Es hat den Anschein, dass er in einer Geschichte, die ihn sehr belastet, stecken bleibt, so, wie manchmal die Nadel eines Plattenspielers in einer Rille festhängt. Alles dreht sich nur noch um das in dieser Rille Aufgezeichnete. Ständig wiederholt er sichtlich verzweifelt den Satz »Ich kann es nicht sagen«, »Ich kann es nicht sagen«. Sofort erinnere ich mich an meinen Bruder, der am Ende seines Lebens genau diesen Satz gesagt hatte. Mir geht es gar nicht gut damit. All meine Bemühungen, meinem Vater zu helfen, fruchten nicht. Er lässt sich nicht in den Arm nehmen und trösten. Die nötigen Worte zum Sprechen fehlen ihm. Würde er sie wiederfinden, ich glaube nicht, dass er bereit wäre, sein Geheimnis zu lüften.

Beim Mittagstisch blickt er sehr finster, völlig in sich gekehrt und verschlossen in seinem Verlies, als ob ihn jetzt alle verlassen hätten. Er hat keinen Appetit. Selbst das Marmeladenbrot, das ihm Helga liebevoll schmiert, wehrt er ab. Sie hilft mir schließlich, ihn zu Bett zu bringen. Sofort dreht er sich zur Wand, um nichts mehr sehen zu müssen. Stundenlang starrt er auf sie.

Am nächsten Morgen hat er Fieber. Den ganzen Tag will er liegen bleiben. Mit Müh und Not bringen Helga und ich ihn ins Bad, um ihn zu waschen. Er ist so schwer wie das, was auf ihm lastet, weshalb wir die Pflege zu zweit machen müssen. Es geht ihm sehr schlecht. Helga, die sich mit ihm und seinem Schmerz stark identifiziert, leidet mit.

Ich streichle die Hand meines Vaters und bemerke, dass er nur noch einen Ehering trägt. Der zweite liegt auf dem Nachttisch. Ich nehme ihn, betrachte ihn im Licht und erkenne die Initialen »NF«. Eva-Maria ist also nicht gemeint. Ich frage meine Frau, die als gebürtige Holsteinerin sofort weiß, dass »NF« für Nordfriesland steht. Mit leiser Ironie fragt sie mich: »Was meinst du, wo Sylt liegt?« Im Stillen freue ich mich, dass mein Vater den zweiten Ehering abgelegt hat, eine Handlung, die vielleicht als unbewusste Entscheidung für meine Mutter zu sehen ist.

Auch an den folgenden Tagen geht das Fieber nicht weg. Es steigt sogar. Mein Vater wirkt äußerst schwach. Die Pflege ist jetzt wieder sehr mühsam. Jede Stunde wenden wir ihn im Bett, füttern ihn, geben ihm zu trinken. Er kann fast nichts zu sich nehmen, und auch kein Medikament schlägt an, sodass wir Benedikt, den Hausarzt und Freund unserer Familie, anrufen und ihn um einen Krankenbesuch bitten. Erst am späten Nachmittag hat er Zeit zu kommen. Er untersucht meinen Vater eingehend und sehr achtsam. Er wirkt willenlos und erschöpft. Selbst die Hausschuhe hat er sich widerstandslos ausziehen lassen.

Benedikt bleibt bis spät in der Nacht. Zu zweit versuchen wir, meinem Vater mit einem dünnen Schlauch Flüssigkeit zuzuführen. Mund und Rachen sind ausgetrocknet, er atmet schwer. Immer wenn wir ihn aufrichten, um endlich den Schlauch einführen zu können, steht mein Vater völlig unter Schock, und sein Kreislauf bricht zusammen. Nach langem Hin und Her gelingt es uns endlich.

Nachdem Benedikt gegangen ist, sitze ich noch einige Stunden am Bett meines Vaters und halte seine Hand. Meine Mutter schläft im Bett neben ihm. Sie ist weit weg. Helga ist in ihrem Stuhl eingeschlafen, meine Schwester, heute angereist aus dem Süden, ist ebenfalls erschöpft zu Bett gegangen, und auch ich lege mich endlich schlafen. Ich falle in einen tiefen Schlaf, bis Helgas Stimme mich aus einem schweren Traum reißt. Vom Flur aus ruft sie hinauf in die erste Etage: »Ihr Vater ist tot! Ihr Vater ist tot!« Ich springe in meine Hose, renne die Treppe hinunter und betrete das Schlafzimmer meiner Eltern. Meine Mutter sieht mich regungslos an. Sie wirkt erstarrt. Mein Vater hat den Mund weit geöffnet. Ich gehe zu ihm, schließe seine Augen und spüre den erkalteten Körper, setze mich zu ihm und bete.

Meine Frau und ich zünden Kerzen an und lassen meditative Musik laufen, die den Raum mit Würde erfüllt und feierlich stimmt. Die Größe des Moments kann ich kaum fassen. Mit der Nachricht des Todes meines Vaters fiel eine schwere Last von mir ab. Jetzt bin ich traurig, vor allem, weil er sein Geheimnis, das ihn so trübsinnig machte, mit ins Grab nimmt. Ich bin sehr nachdenklich. Wie kann es sein, dass mein Vater am Ende seines Lebens dieselben Worte spricht wie mein Bruder? Wie kann es sein, dass beide eine Last nicht mehr tragen, aber auch nicht äußern konnten? Ich werde wohl nie erfahren oder erraten können, was so schwer in ihrem Leben war, und bin froh, dass ich die Möglichkeit habe zu lernen, Gefühle auszusprechen und mitzuteilen. Mit anderen zu teilen, was mich bewegt.

Abschied

Ich möchte meinen Vater nach altem Brauch drei Tage aufbahren. Doch erfülle ich den Wunsch meiner Mutter, den Bestatter gleich zu informieren. Sie will den Leichnam nicht so lange im Haus wissen. Zudem haben wir warme Spätsommertage und keinen Aufbahrungsraum mit Kühlmöglichkeit. Schon am folgenden Tag soll mein Vater nach Bergrheinfeld überführt werden.

Am Nachmittag kommt der Bestatter mit einem grauen Wagen auf den Hof gefahren. Ich führe ihn ins Zimmer, in dem mein Vater liegt. Dann holen wir den Sarg aus dem Auto, tragen ihn ins Zimmer, nehmen den Deckel herunter und heben meinen Vater hinein. Der Bestatter greift mit beiden Händen nach dem Deckel des Sargs und versteht nicht, warum ich keine Anstalten mache, mit anzupacken. Er ist verwirrt, ich bin verwirrt und frage, ob er meinen Vater nicht zurechtmachen und gut betten wolle. »Warum?«, erwidert er, »im Auto wird er sowieso hin und her wackeln«, und er argumentiert: »In ein paar Tagen kommt Ihr Vater ohnehin unter die Erde.«

Ich bin perplex und kontere: »Wir werden meinen Vater so betten, dass er nicht hin und her wackeln wird. Ich werde meinem Vater die Ehre erweisen und ihn waschen und kleiden.«

Der Bestatter ist stumm und steif wie ein Brett. Ich fordere ihn auf, mich beim Aufrichten des Leichnams zu unterstützen. Es ist warm im Zimmer. Der Bestatter, der diese Arbeit anscheinend nicht gewohnt ist, schwitzt, sein Schweiß tropft auf meinen Vater. Helga, die das Schauspiel nicht mehr mitansehen mag, schiebt ihn zur Seite und hilft mir beim Ausziehen und Waschen. Wir ziehen Vater ein

weißes Hemd an, Helga schneidet eine dunkle Anzugsjak-
ke an der Naht auf, damit wir sie ihm leichter überziehen
können. Ich merke, dass sie in solchen Dingen erfahren ist,
und bin ihr dankbar für diese Unterstützung. Woher hätte ich wissen sollen, dass man eine Jacke besser aufschnei-
det? Sie bindet auch die Kinnlade meines Vaters mit einem
Tuch fest, damit der Mund nicht mehr offen stehen muss.
Am Ende holt sie zwei Münzen und legt diese auf seine
Augenlider. Nach altem Brauch sind sie für den Fährmann
bestimmt.

Ich kann meine Gedanken nicht unterdrücken und
sage zum Bestatter: »Die Trinkgeldfrage haben wir jetzt
auch geklärt.« Er bringt kein Wort heraus, als hätte er statt
Trinkgeld gerade Schweigegeld bekommen. Erst jetzt nehmen er und ich den Deckel und verschließen den Sarg.
Wir tragen ihn hinaus auf den Flur, setzen ihn kurz ab, gehen dann durch die breite Eingangstür und schleppen ihn
die Steintreppe hinunter. Der Sarg ist unglaublich schwer.
Eiche. Eigentlich übernehme ich hier die Aufgabe des Bei-
fahrers, doch einen zweiten Mann hatte die Bestattungsfir-
ma nicht zur Verfügung.

Auf dem Weg zum Leichenwagen kommt uns eine Frau
mit einem Kind an der Hand entgegen. Es ist eine Patientin meiner Frau. Neugierig fragt das Kind: »Was ist das,
Mama?« Und Mama antwortet: »Das ist ein altes Möbel-
stück. Das muss weg.« Ich halte meine Zunge in Zaum und
denke, wie schräg mit dem Tod in unserer Gesellschaft
umgegangen wird. Wie sollen wir so ein gutes Verhältnis

zum Leben entwickeln? Mir kommt der Spruch des Kabarettisten Hanns-Dieter Hüsch in den Sinn, der einst meinte, wir sollten, wenn wir über die 50 kämen, ab und an über den Friedhof schlendern, damit wir später nicht aus allen Wolken fielen.

Als ich wieder im Haus bin, klingelt das Telefon. Der Pfarrer ist am Apparat und will wissen, ob ein Rosenkranz für meinen Vater gebetet werden soll. Ich denke, schaden kann es nicht, und sage, »meinetwegen«. Daraufhin meint der Pfarrer: »Die Gebete müssen wir aber extra berechnen.« Wer ist wir, denke ich, Pfarrer und Papst oder gar Pfarrer und Gott? Seit wann macht Gott Akquise? Ich lehne undankbar ab.

Zwei Tage später ist die Beerdigung. Ich bitte die Chefin des Bestattungsunternehmens, meinen Vater im Leichenhaus noch einmal sehen zu dürfen. Sie blickt mich mit Unverständnis an und sagt: »Der Deckel ist bereits fest verschlossen, weil bei den Trauergästen normalerweise kein Interesse besteht, einen Leichnam zu sehen. Sie wollen den Toten in guter Erinnerung behalten.« Sie greift dennoch zum Telefon, ordnet die erneute Öffnung des Sargs an und spricht dabei so kompliziert, als ginge es um eine Exhumierung. Kurze Zeit später reicht sie mir den Leichenhausschlüssel mit der Warnung: »Bewegen Sie den Vorhang nicht, Sie würden erschrecken. Neben Ihrem Vater liegt einer ohne Kopf. Gestern war ein Zugunglück.« Die Information, in welcher Gesellschaft sich mein Vater befindet, hatte ich gerade noch gebraucht.

Ich betrete den Raum mit dem offenen Sarg und meinem Vater darin. Den Vorhang berühre ich nicht einmal, und dennoch werde ich in Staunen versetzt. Das Band um die Kinnlade haben sie nicht abgenommen, aber die Münzen sind weg. Den Spruch mit dem Trinkgeld hätte ich mir verkneifen sollen. Der Fährmann wird böse sein. Kurz überlege ich, einen neuen Versuch mit dem Fährgeld zu wagen, lasse es aber sein. Die Atmosphäre ist kalt, aber nicht wegen der Kühlung. Ich bin mir sicher, dass mein Vater irgendwo ist, und ebenso sicher bin ich, dass er nicht an diesem Ort verweilt. Schnell verlasse ich das Leichenhaus. Wieder im Freien atme ich auf und genieße die warmen Sonnenstrahlen.

Die anschließende Zeremonie des Pfarrers in der Aussegnungshalle ist kühl, als würden wir uns immer noch im Leichenhaus befinden. Die vielen Ansprachen für meinen Vater sind sehr bewegend und wertschätzend. Es tut mir gut, noch einmal zu hören, was er in seinem Leben gemacht und vollbracht hat. Monate später wird vom Präsidium des Lehrerverbands noch einmal ein schöner Kranz an seinem Grab niedergelegt. Der Kranz ehrt stellvertretend alle Ehemaligen im Ehrenamt des Verbands, die bereits verstorben sind, mit meinem Vater als großem Vorbild. Er war lange im Präsidium des Verbands engagiert.

Wieder zu Hause, erzählen unsere Kinder von einem Graberlebnis der besonderen Art. Beim Ritual des Kondolierens an der Grabstätte trat eine ältere Frau zu ihnen, gab allen dreien die Hand und sagte: »Ich hatte mehr als ein-

mal das Vergnügen mit eurem Großvater.« Die nicht ge-
würdigte alte Dame besorgte sich auf diese Weise selbst
Aufmerksamkeit. Drei Kinder sahen sie mit großen Augen an. Zweifelsohne, mein Vater war ein kleiner Herr der
Ringe.

Großfamilie – Kleinfamilie

Kurz nach dem Tod meines Vaters zieht meine Mutter zu
meiner Schwester, natürlich zusammen mit Helga. Fast
gleichzeitig zieht es unsere älteste Tochter Viviane, sie ist
kaum 17 Jahre, nach Hamburg zu einem Schauspielstudi-
um. Aus der Großfamilie mit acht Leuten ist eine Kleinfa-
milie mit Vater, Mutter und zwei Kindern geworden. Schon
wieder werde ich neu auf das Leben eingestellt. Nicht wehren, denke ich.

Barfuß

Jahre später telefoniere ich mit Helga. Sie sagt: »Ihr Vater
ist noch ganz oft in meinen Träumen. Nachts um zwei, drei
Uhr klopft er dann an meine Tür. Er ist auf der Suche nach
seinen Schuhen. Wir haben übrigens vergessen, sie ihm im
Sarg anzuziehen.« Und sie beruhigt mich mit den Worten:
»Ich mache ihm dann ein Marmeladenbrot, damit er wieder zufrieden ist.«

NACHKLÄNGE

Die Heilung meines Vaters:
Demenz, eine Rückführung der besonderen Art

In der Pflege meiner Eltern hatte ich viel Zeit und Gelegenheit, über das Leben zu reflektieren. Ich wollte und will
begreifen, was passiert. Bereits mit den Wechseljahren beginnen Körper, Geist und Seele, sich auf den Rückweg zu
machen. Der Körper zeigt, dass er sich noch einmal richtig für das Leben erhitzen kann, wobei sich besonders Frau-
en diese Hitzewellen oft wegspritzen lassen. Gleichzeitig
beginnt die Leistungsfähigkeit des Körpers langsam nach-
zulassen. Geist und Seele wenden sich automatisch und ver-
mehrt durch Erinnern dem Innen zu. Positive wie negative Erinnerungen, unverarbeitete Momente unseres Lebens,
mit denen wir uns noch einmal befassen können, tauchen
auf. Geist und Seele suchen nach Lösungen, nur die Besitzer stehen ihnen oft im Weg. Wie wir einen von uns ge-
schriebenen Text noch einmal durchlesen, gehen wir nach
dem Wechsel der Jahre unser Leben noch einmal durch.

Wir können aussieben, was wir in den nächsten Jahrsiebten nicht mehr brauchen. Wir können nachholen, was wir vergessen haben, und wir können ein rundes Gefühl bekommen mit Menschen, mit denen es noch nicht rund läuft, und an Stellen, an denen wir noch kantig sind.

Es ist gut, sich auf diese inneren Prozesse einzulassen, denn am Ende werden wir sowieso rund gemacht, damit wir durch das Nadelöhr passen. All diese Mechanismen erlebe ich an mir selbst, da ich mich bereits über der Lebensmitte befinde, und ich beobachtete sie bei meinem Vater. In seiner Demenzerkrankung durfte er alle Lücken in allen seinen Lebensphasen schließen. Er durfte nachholen, was ihm in seiner Trotzphase als Kind und Jugendlicher damals mit seinem Vater nicht möglich schien. Er durfte trotzig sein, widersprechen, wütend werden – und endlich weinen, wenn er verzweifelt war. Auch durfte er sich die Zeit nehmen, mit seinen Enkeln glücklich zu sein und mit ihnen zu lachen. Nicht zuletzt konnte er erleben, dass er selbst in der Schwere seiner Krankheit gehalten war, dass er versorgt, anerkannt und geliebt war – ohne eine Leistung erbringen zu müssen.

Die Heilung der Vater-Sohn-Beziehung und meine Heilung

Gleich zu Beginn sei gesagt, die Geschichte der Pflege meines demenzkranken Vaters und meiner ebenfalls pflegebe-

dürftigen Mutter ist nicht als Postulat gedacht, seine Eltern
– oder seinen Ehepartner oder Ehepartnerin – zu pflegen.
Es ist nicht einmal eine Empfehlung. Insbesondere in der
Pflege der Eltern (oder der Partner) werden wir mit unver-
arbeiteten Kindheitsmustern direkt konfrontiert. Ohne Hilfe von außen in Form einer klaren Reflexion, zum Beispiel
durch eine gute Supervision, würde die persönliche Entwicklung aller Beteiligten und die Pflege selbst blockiert.
Wo doch gerade am Ende eines Lebens Lösungen wichtig
und Loslösungen sinnvoll sind.

Das System der Kleinstfamilie »Eltern erziehen Kind«
beziehungsweise »Kind pflegt Eltern« ist eng und festgefah-
ren. Überlastungen und Blockaden sind an der Tagesord-
nung. Erziehung und Pflege erfolgen meist mit Durchhal-
teparolen. Es braucht keine weiteren Generationen, die sich
noch mehr darin üben, durchzuhalten – durchzuhalten mit
der Hoffnung, dass danach, wenn die Kinder endlich er-
wachsen oder die Eltern gestorben sind, alles besser würde.
Durchhalten ist ein Relikt der Kriegsgeneration. Es braucht
neue Formen des Zusammenlebens, wie wir es derzeit in
unserer Gesellschaft in der sich immer stärker verbreiten-
den Gründung von Lebensgemeinschaften, unter anderem
von Mehrgenerationsprojekten, erfahren.

Ein einfaches Zurück in die Großfamilie wird nicht möglich sein. Neue Lebensformen würden nicht nur die Pflege der eigenen Eltern oder der eigenen Partner erleichtern,
wenn sich ein ganzer Kreis von Menschen für das Wohl der
Alten verantwortlich fühlt, sondern auch die Erziehung

unserer Kinder vereinfachen und die Familien entspannen. Ein afrikanisches Sprichwort besagt, dass wir für die Erziehung unserer Kinder ein ganzes Dorf brauchen. Das gilt auch für die Pflege der Alten! Wir brauchen liebevolle Verwandte, gute Freunde, hilfsbereite Nachbarn, umsichtige Menschen und möglichst noch einen guten Therapeuten.

Dennoch gehörte der Schritt, meine Eltern zu pflegen, zur wichtigsten Entscheidung – und im richtigen Moment – in meinem Leben. Meine Vorbedingungen waren gut, denn ich hatte auch im Kontext meiner bisherigen pädagogischen Arbeit bereits einige Therapien gemacht. Darüber hinaus bin ich mit einer Frau zusammen, die ich sehr liebe, die mit den notwendigen Reflexionsprozessen vertraut ist und die bereit war, den Prozess der Pflege mitzutragen. Außerdem war es mir als Selbstständigem möglich, relativ frei über meine Zeit zu verfügen. Letztlich erfüllte ich die nicht zu unterschätzende Vorbedingung, mich völlig ahnungslos in diese Aufgabe zu begeben.

Der richtige Moment meiner Entscheidung war durch die Tatsache gegeben, dass meine Eltern durch das schnelle Fortschreiten der Demenzerkrankung meines Vaters in akute Not geraten waren und ich spürte, dass ich mich der Verantwortung, diese Not zu wenden, gewachsen fühlte. Auch spürte ich deutlich, dass es meine Aufgabe als Jüngster in der Geschwisterreihe war, jetzt meiner Familie zur Seite zu stehen. Mein Mitgefühl und meine Verbundenheit mit meinen Eltern waren stärker als die Verletzungen, die ich seit frühester Kindheit mit mir herumschleppte.

Gleichzeitig war der richtige Moment meiner Entscheidung dadurch gegeben, dass es an der Zeit für einen Sprung in meiner Entwicklung war. Schon über zehn Jahre schrieb ich Texte und Bücher. Große Erfolge aber stellten sich nicht ein. Es fehlte sichtlich an wichtigen Grundeinstellungen. Oft fühlte ich mich in der Angst gefangen, letztlich doch zu versagen, und brachte Buchprojekte nicht konsequent zu Ende. Immer wieder brach mein Selbstwertgefühl ein. Ich fühlte mich gerade beim Schreiben alleingelassen und verlassen. Selbstwertprobleme führten dazu, viel zu viel zu schreiben, mich im Text zu verlieren und mich letztlich von niemandem verstanden zu fühlen – ein altes und mir sehr vertrautes Gefühl aus Kindheit und Jugend. Bei einer Manuskriptvorstellung meinte eine Lektorin: »Im Grunde genommen bieten Sie mir gerade fünf Bücher in einem an.« Pech, dass sie nur eines wollte. Eine andere Lektorin verriet mir vor vielen Jahren, dass sie nur Autoren kenne, die schreiben, um verstanden zu werden, und deshalb dazu neigen, vieles doppelt und dreifach zu erklären. Wie es scheint, ist das Verstanden-werden-Wollen ein Markenzeichen für Autoren. Auf eine wichtige Voraussetzung für einen Schreiber konnte ich mich also hundertprozentig verlassen.

Meine größten Verletzungen, zu diesem Schluss kamen alle meine Therapeuten, waren an traumatische Kindheitserlebnisse gebunden. Sehr oft wurde ich von meinem Vater schon als kleines Kind mit drei, vier Jahren geschlagen. Mein kleiner Körper war nicht selten von blauen Flecken übersäht, erzählte mir vor Jahren eine Cousine. »Ich schlag dich windelweich« oder »Ich schlag dich, bis das Blut spritzt« sind Sätze meines Vaters, die tief in mir verwurzelt sind. Der oft unerträglichen Realität habe ich gelernt, mit idealistischen Träumereien und einem besonderen Witz zu entfliehen. Gerade in dramatischen Situationen schaltet mein Geist automatisch auf die Produktion von Witzen um. Diese Medaille hat noch eine andere Seite. Ich kompensierte die Unerträglichkeit meines Seins mit viel Arbeit, ein Muster, das meine seelischen Schmerzen fernhielt, solange ich arbeitete. Kein Wunder, dass ich mir kaum Urlaub gönnte.

Nichts durfte leicht sein. Die Einstellung, mich durchs Leben zu schlagen und mich letztlich immer wieder geschlagen zu geben, mit ständig wiederkehrenden Gefühlen von Ohnmacht, prägten mein Leben. Ich ging so weit, dass ich mir Ohnmachtsgefühle unbewusst im Leistungssport besorgte. Als Torwart einer Inlinehockeymannschaft wurde ich vom Hartgummi-Pug des Öfteren so hart getroffen, dass ich in Ohnmacht fiel. Treffer am Kopf ließen mich immer größer werden, dann umfallen und verletzt liegen bleiben.

In Kindheit und Jugend zählte ich neun Knochenbrüche, was mir den Spitznamen »Knochen« einbrachte. Der Sprung von meiner Vornamenskurzform Jochen zu Knochen war ein leichter. Hart kämpfen, verletzt werden und stolz sein auf die so erbrachte Leistung wurde zu einer seltsamen Mischung. Ich schaffte es auf diese Art und Weise bis in die Junioren-Nationalmannschaft, was mein Selbstwertgefühl nachhaltig stärkte. Meine sportliche Leistung stand allerdings in Abhängigkeit von einem Mentor, dem besten Freund meines Vaters. Von ihm fühlte ich mich erkannt in meiner Begabung und anerkannt als Mensch. Als dieser Mentor wegbrach, fiel auch meine Sportlerkarriere in sich zusammen.

Jahre später in der Häuserkampfbewegung im Berlin der frühen Achtzigerjahre genoss ich es, mich in Gefahr zu begeben, um dann den anrückenden Polizisten wieder zu entkommen. Einmal war mir ein ganzer Trupp Uniformierter auf den Fersen. Ich war eingekesselt. Es gab kein Entrinnen mehr. Prügel, die altbekannten Prügel wären mir sicher gewesen, wenn ich nicht den Blitzableiter eines Hauses hochgeklettert wäre, um im zweiten Stock in ein offenes Fenster zu steigen – wenn man mich heute sieht, wird man es mir nicht glauben. Eine Familie saß gerade am samstäglichen Frühstückstisch mit ihren kleinen Kindern. Ich sagte freundlich »Guten Morgen« und verschwand, nicht, ohne einen guten Tag zu wünschen, aus der Wohnung. Ich fühlte mich groß und unbesiegbar. Ein starkes, fast süchtig machendes Gefühl, das viele der Straßenkämpfer kannten. Wie viele von ihnen kämpften unter dem Deckmantel der Beseitigung sozialer Missstände gleichsam gegen ihre Väter, um erlittene Erniedrigungen zu kompensieren? Täter und auch Opfer zieht es an den Tatort zurück. Das Verfolgtwerden löste dasselbe Kribbeln im Po aus, das ich empfand, wenn mein Vater nachts nach Hause kam, die Bettdecke wegriss und mir und meinem Bruder den Po mit einem

Lederschlappen versohlte. Meist wusste ich nicht, warum. Dennoch fühlte ich mich böse und schuldig.

Dass mein Vater auch eine sehr liebevolle Seite hatte, ein sorgender Vater war und sehr verbindlich in seinen Zusagen, machte das Dilemma perfekt. Ein klares Feindbild wäre einfacher zu händeln gewesen. Die ersten zehn Jahre meines Lebens verbrachten wir die ganzen Sommerferien in Italien an der Adria, auf einem Campingplatz in Cesenatico. Sechs Wochen Sonne, zelten, im Sand buddeln, auf Luftmatratzen im Meer paddeln, mit meinem Vater und den Geschwistern spielen, Fallgruben bauen und Vater hineinplumpsen lassen, obwohl er wusste, was ihn erwarten würde. Das war das Paradies. In dieser Zeit gab es keine Schläge. Ich kann mich an viel Wärme erinnern, Erinnerungen, die ich mir in der Pflege wiederholte und die mir Kraft gaben.

Auch ich habe neben meiner verletzten und dramatischen Seite eine zweite. Viele kennen nur diese Seite. Für meine Familie, Verwandte, Freunde und Bekannte war ich schon immer ein Strahlemann, ein Mensch mit Humor und ungebrochenem Optimismus. Die sich immer wiederholende Drohung meines Vaters von Kindheit an, »dir wird das Lachen auch noch vergehen«, blieb eine leere. Mein positiver Wesenszug war zu stark, was meinen Vater zuweilen zur Weißglut brachte.

Ein guter Therapeut aus Berlin fragte mich Ende der Siebzigerjahre: »Was meinst du, warum hat dein Vater gerade dich bevorzugt klein gemacht?« Ich brauchte eine ganze Sitzung, um zu verstehen, dass man jemanden nur klein machen kann, wenn er einem groß vorkommt. Eine äußerst wichtige Erkenntnis, die dem Gefühl meiner Entwertung durch Schläge einen heilenden Impuls gab.

Dennoch hatte ich mich so an meine Verletzungen gewöhnt, dass es mir nicht einmal sonderlich vorkam, mit Anfang 30 nur bei heller Zimmerbeleuchtung schlafen zu können, um einem immer wiederkehrenden Albtraum zu entgehen.

Ich schlafe in einem fensterlosen Zimmer. Es ist stockduster. In der Küche, die ich durch einen Lichtspalt sehe, höre ich unheilvolle Stimmen. Dann kommen mein Vater und meine Mutter, deren Gesichter ich nicht erkennen kann, in mein Schlafzimmer. Ich liege auf dem Bauch.

Just in dem Moment, in dem mein Vater zuschlagen würde, wie immer mit einem Hausschlappen aus braunem Leder, schrecke ich aus dem Schlaf hoch, schweißgebadet und am ganzen Leib zitternd. Dass meine Mutter meinem Vater bei diesen Taten zur Seite stand und das leider nicht nur im Traum, konnte ich erst viele Jahre später in Therapien erkennen. Das war noch einmal besonders schmerzhaft. Ich fühlte mich völlig verraten.

Noch heute entsetzt es mich, dass ich, als ich mit Anfang 30 meine Frau kennenlernte, in meiner Wohnung ausschließlich braune Leder-Hausschlappen trug. Wie konnte ich nur so unbewusst sein?! Das Makaberste aber war, dass mir mein Vater von Zeit zu Zeit seine gebrauchten braunen Lederschlappen schenkte, ich diese brav von meinem Besuch bei den Eltern mit zu mir nach Hause nahm und – jetzt kommt der Gipfel – diese auch noch trug. Das ist der böse Bub, der ein braver sein möchte. Erst die Empörung meiner Frau machte mir damals bewusst, wie viel Macht meine nicht bewältigte Geschichte über mein Leben hatte.

Trotz meiner Verletzungen entschied ich mich, die Pflege meiner Eltern zu übernehmen. Zu Beginn der Pflege war mir dieser Zusammenhang allerdings nicht bewusst. Auch ahnte ich nicht, was ich mir damit aufladen würde. Die Warnungen der Ärzte, »die Pflege Ihres Vaters werden Sie nicht überstehen und die Pflege beider Eltern schon gar nicht«, überhörte ich nicht nur, sie spornten mich an.

Gleich am ersten Pflegetag, als mein Vater letztmalig versuchte, mich mit einem braunen Lederschlappen zu schlagen, ging ich in Führung. Ich klärte die Rollen, wer von nun an wem zu folgen hatte. Der Anfang, in die volle, aber liebevolle Verantwortung zu gehen, war gemacht. Meine Heilung konnte beginnen. Ich war damals 52 Jahre alt. Besonders heilend war es, zu erleben, dass mein Vater mir in der Pflege voll und ganz vertraute. Ich war der einzige Mensch, von dem er sich waschen ließ, und nicht nur oben. Anfänglich war mir das zu viel Nähe. Unerträglich. Gewöhnungsbedürftig. Doch gerade dieses Vertrauen half mir, Widerstände zu überwinden. Es war heilend. Ich spürte, dass mit dem Vertrauen meines Vaters in mich auch mein Zutrauen in meinem Leben zu wachsen begann. Er musste in unseren täglichen Waschritualen nicht mehr besser sein als ich. Er genoss sogar das tägliche Ritual und meine Zuwendung.

Die Prophezeiungen der Ärzte, dass sich der Zustand meines Vaters von Tag zu Tag verschlechtern und er in wenigen Wochen nicht einmal mehr sein Gleichgewicht würde halten können, provozierten mich aufzuschreiben, was in der Entwicklung meines Vaters von Tag zu Tag besser wurde. Ich schrieb auf, was bei meinem Vater zu heilen begann. Das betraf zunächst seine emotionale Entwicklung – und das zeigte sich unter anderem in seiner liebevollen Beziehung zu unseren Kindern, seiner Freude, wenn sie lachten und Späße mit ihm machten. Auch lernte ich, ihn pubertieren zu lassen, was ihm sichtlich guttat.

Die Konzentration auf das Positive war einer der besten Einfälle in der Pflege meines Vaters. Ich notierte nicht nur positive Momente in der Pflege, sondern gleich auch alle positiven Erlebnisse in der Kindheit mit Vater und Mutter, die mir täglich in den Sinn kamen. Die Sammlung wurde zu einem richtigen Schatz, der meine Einstellung zu meinen Eltern und damit die Pflege und damit mein ganzes Leben komplett veränderte. Es gibt einen genialen Buchtitel von Ben Furman und Ritva Abao: *Es ist nie zu spät, eine glückliche Kindheit zu haben.* Genau das war passiert.

Am meisten jedoch lernte ich von der unbefangenen Einstellung unserer Kinder zur Demenzerkrankung. Diese hatte nichts Bedrohliches für sie. Ihre ungetrübte Liebe zu ihrem Großvater – und die positive Wirkung auf ihn – begeisterten mich. Bald wusste ich, dass meine Einstellung entscheidet, ob die Pflege schwer- oder leichtfällt und ob mein Vater eine emotionale Heilung erfährt oder nicht. Ich lernte, mich immer feiner auf ihn einzustellen. Seine Widerstände lösten sich mehr und mehr auf. In der letzten Phase der Pflege fühlte er sich geborgen im Kreise seiner Lieben. Sein Haupthaar begann wieder zu sprießen, und er lernte sogar wieder, mit Messer und Gabel essen – aller Schulmedizin zum Trotz. Er lernte über das Vorbild, was nur möglich ist, wenn sich jemand von den Vorbildern geschätzt und geliebt fühlt. So lernen auch Kinder! Albert Einstein soll sinngemäß einmal gesagt haben: »Was nützt uns die ganze Erziehung – die Kinder machen uns sowieso alles nach.«

All das war nur möglich, weil alle mit der Pflege betrauten Menschen sich für meinen Vater Zeit nahmen, ihm wirkliche Aufmerksamkeit schenkten. Das größte Geschenk in den letzten Monaten seiner Pflege war Helga, die ungarische Pflegekraft. Sie war so voller Liebe und Hingabe für meinen Vater, dass er sich ganz zu Hause angekommen fühlte. Er zeigte sich sanft und friedlich, musste nicht mehr ununterbrochen mit seinen braunen Lederschlappen auf Wanderschaft gehen. Ich durfte meinen Vater neu erleben. Unser beider Heilungsprozess ließ uns am Ende seiner Tage so nah wie noch nie in unserem Leben sein.

Wenn ich heute an meinen Vater denke, fallen mir zuallererst viele schöne Momente ein. Das ist ein gutes Zeichen einer guten Beziehung. Und dennoch brauche ich die negativen Erlebnisse meiner Kindheit nicht zu beschönigen oder zu unterdrücken. Sie werden immer Teil meiner Geschichte sein, einer Geschichte, die mich nicht mehr gefangen hält.

Vom Leben beschützt

In der Pflege meiner Eltern konnte ich Geborgenheit erfahren, indem ich meinem Vater und meiner Mutter Geborgenheit schenkte. Mein Gefühl des Geborgenseins geht
weit über die familiäre Geborgenheit hinaus. Ich fühle
mich vom Leben geborgen und dank der schönen Erfahrung mit der weißen Wolke auch von der Schöpfung beschützt und gehalten.

Eineinhalb Jahre Pflege waren eine gute Trainingszeit,
eine nochmalige Intensivausbildung zum Persönlichkeits-
Coach. Ich lernte, mich feiner auf das, was im Leben passiert, einzustellen. Ich konnte mehr von meinem Wesen
erfahren und besser erkennen, was wichtig und was wesentlich ist. Als logische Folge wurde ich auch beim Schreiben von Büchern fokussierter auf Wesentliches. Direkt nach
dem Tod meines Vaters schrieb ich das Buch *Du bist, was
du sagst*, das 2006 im mvg Verlag erschien und ein Bestseller
wurde. Auch alle folgenden Manuskripte landeten bei guten
Verlagen.

Als Folge der Gesundung meines Familiensystems und
des Systems meiner Frau folgen wir unserer Vision, für heile Familien und heile Teams in auch menschlich gesunden
Unternehmen und Verbänden zu arbeiten.

Dank

Mein Dank geht in erster Linie an meine Frau Michaela, die die Zeit der Pflege meiner Eltern mit großer Selbstverständlichkeit mitgetragen hat, und an unsere Kinder, die mit ihrer Natürlichkeit die Schwere der Aufgabe leichter werden ließen. Mein Dank geht auch an alle Menschen, die mich in der Pflege liebevoll unterstützten, sowie an unsere guten Nachbarn in unserer Siedlung und an die vielen Freunde und Bekannten meiner Eltern in Bergrheinfeld, die meinen Vater auch in seiner Verwirrung respektvoll behandelten und ihn nehmen konnten, wie er war. Nicht zuletzt bedanke ich mich bei meiner Schwester für ihre liebevolle Pflege unserer Mutter, die nach dem Tod unseres Vaters zu ihr gezogen ist und dort fünf Jahre später verstarb.

Ein besonderes Dankeschön gilt noch meinem Lektor Horst Christoph für seine außergewöhnlich gute und über ein Lektorat weit hinausgehende Begleitung.

Der Autor

 **Joachim Schaffer-Suchomel**, Jahrgang 1951, ist Diplom-Pädagoge, Sprachexperte, Coach und Autor. Nach seinem Studium der Pädagogik und Psychologie arbeitete er als Pädagoge und lehrte an verschiedenen Universitäten in erziehungs- und wirtschaftswissenschaftlichen Fakultäten. Ein Schwerpunkt seiner Arbeit ist die Konzipierung von Strukturen zur Persönlichkeitsentwicklung. Er arbeitet heute vorwiegend in der Wirtschaft als Coach zur Teamentwicklung, Konfliktlösung sowie in der Werte- und Leitbildentwicklung. 1995 gründete er zusammen mit seiner Frau Michaela Suchomel – sie ist Heilpraktikerin, Kinesiologin und Systemische Aufstellerin – das Coaching-Institut BRAIN-FRESH. Die beiden begleiten in Zusammenarbeit mit Tochter Viviane Jovanov, Schauspielerin, Autorin und Trainerin für Körper, Stimme und Sprache, Menschen bei der Gestaltung ihrer persönlichen und beruflichen Entwicklung.

Ein Highlight der Arbeit von BRAINFRESH ist das gemeinsame Seminar **SIEBEN IN SIEBEN TAGEN**, das jährlich im Frühjahr und Herbst auf Mallorca stattfindet, sowie das Training **E-MOTION**, ein Seminar zur Stärkung der emotionalen und sozialen Kompetenz.

Mehr Informationen unter www.brainfresh.net, E-Mail: info@brainfresh.net.

Die Zeichnerin

Carina Bengel, Jahrgang 1986, liebt die Herausforderung, mit wenig Strich viel auszudrücken, sei es in ihrer Leidenschaft als Illustratorin, in der visuellen Kommunikation als Graphic Recorderin oder in ihrer Tätigkeit als Kunst- und Werklehrerin. Sie lebt in der Schweiz am Vierwaldstättersee.

Mehr Informationen unter www.cb-illustration.ch.

Bei *mvg-verlag* sind von Joachim Schaffer-Suchomel weiterhin erschienen:

Du bist, was du sagst. Was unsere Sprache über unsere Lebenseinstellungen verrät. Koautor Klaus Krebs. München 2006

Entdecke die Macht der Sprache. Was wir wirklich sagen, wenn wir sprechen. Koautorin Martina Pletsch-Betancourt. München 2012

Die Macht der 7. Wie wir unsere Persönlichkeit alle sieben Jahre neu entwickeln. Koautorin Michaela Suchomel. München 2016

Meditations-CD zum Buch *Die Macht der 7. Eine Meditation zu den Siebener Lebensschritten.* Musik Sylvia Reiß, Harfe. München 2016

Bei anderen Verlagen sind erschienen:

Nomen est Omen. Die verborgene Botschaft der Vornamen. Goldmann-Arkana, München 2007. Nur noch als E-Book erhältlich.

Werbewirksame Namen leicht gemacht. So finden Sie die besten Namen für Ihre Produkte, Unternehmen und Websites. Redline Verlag, München 2009

Sage mir deinen Namen und ich sage dir wer du bist. Die Bedeutung der 500 wichtigsten Vornamen. Goldmann-Arkana, München 2010. Nur noch als E-Book erhältlich.

Die Kraft hinter der Angst. Die Entdeckung des wahren Potenzials. Shaker Media, Herzogenrath 2010

Die Symbolkraft der Buchstaben. Wie Wörter den Weg zur Heilung zeigen. Koautorin Michaela Suchomel. Goldmann, München 2015